Jornada hacia una vida fortalecida por el Espíritu Santo

Guía para una transformación personal, familiar y comunitaria

Endosos

"Transformación " y " avivamiento" son dos términos que han venido a ser parte de la conversación cotidiana de aquellos que se consideran a sí mismos seguidores de Jesús. Sin embargo, no somos muchos los que estamos intentando adoptar un estilo de vida que refleje la imagen de nuestro Señor Jesucristo. Chris Vennetti ha preparado una "hoja de ruta" que puede guiar al indiiduo, la familia, la comunidad y la nación hacia un auténtico avivamiento. Es por eso que recomiendo con entusiasmo el libro "Jornada hacia una vida fortalecida por el Espíritu Santo". Es un libro para estos tiempos, así como lo es para usted.

Dai Sup Han, Fundador/Facilitador Nacional, Prayer Surge NOW!, Sirviendo a la Juventud con una Misión

Como presidente de "Every Home for Christ International" ("Cada Hogar para Cristo"), un ministerio misional con un personal que supera los 4,000 en todo el mundo, he tenido el privilegio de conocer y servir junto a hombres y mujeres de Dios de una calidad increíble. Todos ellos tienen algo en común: han rendido sus vidas incondicionalmente a Cristo, y actúan inspirados por el poder y bajo el control del Espíritu Santo. El libro de Chris Vennetti, "Jornada hacia una vida fortalecida por el Espíritu Santo", le ayudará a descubrir y cultivar un estilo de vida lleno del poder del Espíritu Santo. A través de pasos prácticos, preguntas inquietantes, y enseñanzas profundas, este libro le conducirá a experiencias transformadoras con el Espíritu, a la vez que podrá ver como el Señor actúa de forma poderosa en su vida.

Dr. Dick Eastman, Presidente Internacional, Every Home for Christ International

Chris está en un viaje asombroso, un viaje imposible. Pero este es un viaje que se apoya en el Dios de lo imposible. Y Chris nos está invitando a que nos unamos él en ese viaje para descubrir, a profundidad, el amor y el gozo del Señor, como también los planes asombrosos que Dios tiene para nuestras vidas. Les reto a que se unan a Chris en esta aventura que, les aseguro, les conducirá al mismo corazón de Dios mientras se embarcan en esta "Jornada hacia una vida fortalecida por el Espíritu Santo".

Tom Victor, Presidente, Coalición de la Gran Comisión (Kingwood, TX)

Para cualquiera que esté buscando una relación más íntima y profunda con el Señor, el libro de Chris Vennetti será una valiosísima ayuda. Esa búsqueda le permitirá encontrar esa "perla de gran precio" que es la esperanza. En la medida que usted interactúe con las Escrituras, el Espíritu Santo y el contenido de todos los relatos compilados en este libro, irá capacitándose espiritualmente hasta el momento en que levante sus manos y grite a voz en cuello: "Aquí estoy, Señor, envíame a mi".

Rickie Bradshaw, Pastor/Consultante, Union Baptist Association, Sentinel Group (Int'l Fellowship of Transformation Partners)

Un escrito excelente con un gran deseo de motivar a sus lectores a vivir una vida completamente dedicada a Jesús. El libro de Chris me hace recordar la obra de C. S. Lewis: "Mere Christianity" ("Cristianismo Puro"). En su obra, Lewis habla del caballo renovado que no sólo salta más alto sino que puede volar, porque le han brotado alas para elevarse a las alturas.

Ruth Mangalwadi, Co-autora del "*Legado de William Carey, Un modelo para la transformación de una cultura*"

Chris pone delante de nosotros un reto necesario, un reto que conlleva gracia. Es un llamado a un estilo de vida radical que no podemos ignorar cuando leemos las Escrituras. Y él lo describe de forma clara y sencilla: Una persona con un estilo de vida fortalecido por el Espíritu Santo está consagrada incondicionalmente a Jesucristo, y ha aprendido a vivir la vida con una fe firme en el carácter, la voluntad y los principios de Dios.

¡Qué el Señor pueda usar estas enseñanzas para transformar nuestra percepción de la vida cristiana, qué nuestro entendimiento del verdadero discipulado pueda expandirse, y qué su lectura nos lleve de nuevo a las Escrituras, de manera tal que seamos un reflejo del amor de Dios en Jesucristo, guiados por el Espíritu y alimentados por la Palabra!

Phil Miglioratti, National Pastors' Prayer Network

Chris reta al lector a seguir a Jesús de forma radical. Después de todo, ¿no es esa la forma de vida a la que somos llamados los cristianos? Un llamado a seguir a Jesús sin reservas, rendidos totalmente a él. Un llamado a entregar al Señor el control de nuestras vidas y nuestro destino, algo que nos hemos empeñado en no ceder a nadie.

Mientras usted lee "Jornada hacia una vida fortalecida por el Espíritu Santo", yo estaré orando para que Dios le hable de forma clara e inequívoca. Para que sea conducido a un lugar de "total rendición", y al estar ahí, pueda depender más y más del Dios increíble a quien amamos, seguimos y servimos. Que este libro, que contiene un mensaje del Señor para todos nosotros en estos días, le llene de la paz de la Presencia de Dios y que esa paz le acompañe todos los días de su vida.

Oro para que Dios use este libro y le ayude a ser un elemento transformador en su familia, su comunidad y su nación. Para que sea Jesús quien camine en y a través de su vida, y de ahora en adelante adopte el estilo de vida que le lleve a producir frutos, convirtiéndole en instrumento idóneo para el establecimiento del Reino en la tierra, así como lo está en el cielo.

Milton Monell, Director of Global Prayer, a ministry of Campus Crusade for Christ, International

"Jornada hacia una vida fortalecida por el Espíritu Santo" nos provee de una guía que nos conecta con el plan y los propósitos de Dios, encendiendo en nosotros un profundo amor y pasión por él, para lograr una renovación total en nuestros hogares y ciudades. Nosotros enseñamos lo que sabemos, pero reproducimos los que somos. El autor, Chris Venetti, ha escrito este libro como un desbordamiento de su compromiso de dedicar toda su vida a ver la gloria de Dios, su Padre Celestial, manifestada aquí en la tierra de la misma forma que las aguas cubren el mar. Todo hijo o hija de Dios debiera leer este libro para que sus planes y propósitos logren estar en consonancia con los de "Aquel que quiere vivir Su vida a través de nosotros". (Gálatas 2:20)

Paul Benjamin Sr., Founder & President, Central Florida Dream Center & the Love Sanford Project, Inc.

"Jornada hacia una vida fortalecida por el Espíritu Santo" viene de un autor que habla desde su experiencia personal y está en una lucha constante por vivir lo que predica. Este libro le llevará a entender como permitir que Jesucristo viva a través de usted, de manera que pueda usted producir un profundo impacto en la comunidad y en las naciones. Este libro expone una gran necesidad que hay en todos nosotros, a la vez que nos estimula a guiar nuestros pasos hacia un destino que sólo Dios puede ofrecernos. Aquellos que han vivido anhelando una transformación radical en sus vidas tienen a su disposición este recurso: léanlo, absorban su contenido y pongan en práctica sus recomendaciones.

Chris Leeper, Pastor, New Beginnings Christian Fellowship (El Cajon, CA)

Jornada
hacia una vida fortalecida por
El Espíritu Santo

Guía para una transformación personal, familiar y comunitaria

Chris Vennetti

Jornada hacia una vida fortalecida por el Espíritu Santo
Derechos de porpiedad literaria, 2014, Chris Vennetti
Desenho da capa por Josh Daniel

Las citas bíblicas que aparecen en el libro son tomadas de la Versión "Reina Valera" de 1960 y/o la Versión "Biblia de las Américas".

Esta es una traducción al español autorizada por el autor. Todos los derechos son reservados. Ninguna porción/fragmento de este libro puede ser reproducida en forma alguna sin un consentimiento escrito de la Casa de Publicaciones, exceptuando algunas breves citas en revistas o artículos críticos.

Estamos abiertos al uso de esta publicación en varias formas, pero quisiéramos ser contactados para saber cuáles son sus intenciones y, al mismo tiempo, para analizar de qué manera pudiéramos hermanarnos en el proceso de presentar este mensaje, de forma tal que pueda arraigarse profundamente en su territorio.

Por favor, contáctenos: office@dninternational.org

Indice

Introducción 1

¿Cuál es la meta al leer este libro? 4

Guía para los facilitadores de grupos pequeños 6

Capítulo 1: La nueva vida en Cristo 9

Capítulo 2: Cómo definir una vida fortalecida por el Espíritu Santo 19

Capítulo 3: Cómo hacer discípulos a todas las naciones 28

Capítulo 4: La lucha para establecer el Reino de Dios en la tierra 39

Capítulo 5: El corazón de una vida fortalecida por el Espíritu Santo - Parte 1 50

Capítulo 6: El corazón de una vida fortalecida por el Espíritu Santo - Parte 2 63

Capítulo 7 - El fruto de una vida fortalecida por el Espíritu Santo - Parte 1 87

Capítulo 8: El fruto de una vida fortalecida por el Espíritu Santo - Parte 2 99

Capítulo 9: Estableciendo el Reino de Cristo en matrimonios y familias 108

Capítulo 10: ¿Es aún posible un avivamiento regional inspirado por Dios? 126

Capítulo 11: Estableciendo el Reino de Cristo en el lugar de trabajo 137

Capítulo 12: Estableciendo el Reino de Cristo en una congregación y en una región ... 143

Capítulo 13: Re-edificando "los muros y las puertas" de nuestra nación 153

Conclusión 159

Estilo de vida fortalecido por el Espíritu Santo 163

Estilo de vida fortalecido por el Espíritu Santo Reto de 30 días 165

Jornada hacia una vida fortalecida por el Espíritu Santo Lanzamiento en una congregación local 169

Introducción

"Y extendió Moisés su mano sobre el mar, e hizo Jehová que el mar se retirase por recio viento oriental toda aquella noche; y volvió el mar en seco, y las aguas quedaron divididas. Entonces los hijos de Israel entraron por en medio del mar, en seco, teniendo las aguas como muro a su derecha y a su izquierda". Éxodo 14:21-22

En obediencia a Dios, Moisés extendió su mano y el Mar Rojo se partió en dos. Cientos de miles de hombres, mujeres y niños fueron liberados debido a que un hombre siguió la dirección del Dios Vivo. Esta narración pudiera parecernos una historia muy simple, pero no fue así. Fue el momento en que el Dios viviente, a través de las imposibilidades de un hombre, liberó a una nación completa para que le adorara. De la misma manera, Dios está buscando un pueblo que sea consumido por Su agenda de liberar a los cautivos.

Anhelo por algo más profundo

En el corazón de muchas personas, a lo largo de la tierra, hay un marcado anhelo por tener algo más de lo que actualmente están experimentando en su jornada espiritual. Hay un deseo sincero, en muchos, de conocer real e íntimamente al Dios que los creó. Este libro se ha escrito para aquellos que sinceramente desean explorar el disfrute de una relación más profunda con Dios.

Hay otros que han tenido una cierta forma de relación con Dios por años, sin embargo, anhelan muchos más frutos de sus labores. Como seguidores de Jesucristo ellos creen que Jesús es el Hijo de Dios que vivió, murió, y resucitó por el perdón de los pecados, y para comprarlos haciéndolos su pueblo. Reconocen que Dios envió al Espíritu Santo a morar en cada uno de aquellos que rindieron sus vidas a Él. Sin embargo, hay muchos seguidores de Cristo que son igualmente conscientes de que hay mucho más en la forma de relacionarse con Dios, que lo que actualmente están experimentando. Sabemos que nuestros matrimonios y familias deberían estar disfrutando más de Su poder redentor. Anhelamos una iglesia local que tenga más impacto. En ocasiones vislumbramos el deseo de Dios porque todos los seres humanos sean salvados, y las naciones sean discipuladas en Sus caminos.

Este libro intenta mostrar el deseo del corazón de Dios para cada uno de sus seguidores. Compartiremos el trasfondo bíblico de lo que entendemos por: concepto del discipulado a las naciones y la intención original de Dios al dar el Evangelio de Jesucristo a la humanidad. Oiremos testimonios que muestran como los seguidores de Jesús, capacitados con el poder del Espíritu Santo, están siendo usados por Dios en su propósito de discipular a las naciones. Además, nos ocuparemos en el aprendizaje de los componentes prácticos de un estilo de vida fortalecido por el Espíritu Santo y de la forma en que éstos pueden ser implementados en nuestras vidas personales, en la familia, en toda esfera donde ejerzamos influencia, y aún en regiones completas. ¿Dónde podríamos encontrar una aventura más emocionante que ésta?

Sólo hay una manera. Para poder entrar más en la Vida de Cristo, tenemos que dejar que mucho de lo que ahora atesoramos se vaya de nosotros. A medida que muramos a nosotros mismos, experimentaremos más plenamente la realidad de Su vida.

"El que tiene la esposa, es el esposo; mas el amigo del esposo, que está a su lado y que le oye, se goza grandemente de la voz del esposo; así pues, este mi gozo está cumplido. Es necesario que él crezca, pero yo mengüe". Juan 3:29-30

"Porque si fuimos plantados juntamente con él en la semejanza de su muerte, así también lo seremos en la de su resurrección; sabiendo esto, que nuestro viejo hombre fue crucificado juntamente con él, para que el cuerpo del pecado sea destruido, a fin de que no sirvamos más al pecado". Romanos 6:5-7

Es mi esperanza y oración que, en la medida que interactúes con las porciones de las Escrituras en este libro y con el Espíritu de Dios, el Señor te conduzca a un lugar mucho más cerca de él, donde jamás habías estado antes. Y no sólo esto, sino que experimentes a Dios de manera más íntima y profunda, una experiencia que permanezca contigo todos los días de tu vida.

El propósito de este libro es equipar a millones de seguidores de Jesucristo con una vida fortalecida por el poder de Su Espíritu, para que sean capaces de discipular a las naciones en los caminos de Dios. Es nuestra oración que Jesucristo reciba toda la gloria y la honra que él merece en todas las naciones del mundo. Jesús quiere discipular a las naciones a través de nosotros. ¿Dejarías que él te usara para que seas parte vital en Su obra?

¡Qué estemos nosotros entre aquellos que han aceptado la invitación de entrar en una vida más fortalecida por su Poder!

En Su servicio,

Chris Vennetti

Siervo de Cristo (Marcos 10:44)
Disciple Nations International

Por favor, si siente que Dios pone en su corazón el deseo de ser un seguidor de Jesús con una vida fortalecida por Su Poder, en su ciudad o nación, póngase en contacto con nosotros or favor, si siente que Dios pone en su corazón el deseo de ser un seguidor de Jesús con una vida fortalecida por Su Poder, en su ciudad o nación, póngase en contacto con nosotros.

Para contactarnos:

Website: www.dninternational.org

Email: office@dninternational.org

¿Cuál es la meta al leer este libro?

Busca una mayor sabiduría y no un mayor conocimiento intelectual

"*La sabiduría clama en las calles, alza su voz en las plazas; clama en los principales lugares de reunión; en las entradas de las puertas de la ciudad dice sus razones. ¿Hasta cuándo, oh simples, amaréis la simpleza, y los burladores desearan el burlar, y los insensatos aborrecerán la ciencia. Volveos a mi represión; he aquí que yo derramaré de mi Espíritu sobre vosotros, y os haré saber mis palabras*". **Proverbios 1:20-23**

"*Porque mejor es la sabiduría que las piedras preciosas; y todo cuanto se pueda desear, no es de compararse con ella*". **Proverbios 8:11**

La mayoría de las personas en el mundo cree que las metas más altas del aprendizaje de algo nuevo, se alcanzan por medio de más información intelectual. Por consiguiente, muchas veces las personas deciden retener una enorme cantidad de información en sus mentes, pero esa información no afecta para nada sus vidas. Aparentemente esta no es una característica única de nuestra época; podemos ver que Jesús mismo hizo referencia a este error.

"*Cualquiera, pues, que me oye estas palabras, y las hace, le compararé a un hombre prudente, que edifica su casa sobre la roca. Descendió lluvia, vinieron ríos, soplaron vientos, y golpearon contra aquella casa; y no cayó, porque estaba fundada sobre la roca. Pero cualquiera que oye mi palabra y no la hace, le compararé a un hombre insensato, que edificó su casa sobre la arena; y descendió la lluvia, y vinieron ríos, y soplaron vientos, y dieron con ímpetu contra aquella casa; y cayó, y fue grande su ruina*". **Mateo 7:24-27**

La Palabra de Dios define la insensatez como: "Escuchar Su Palabra y no ponerla en práctica". A la vez señala que la sabiduría es: "Poner en práctica la Palabra de Dios una vez que es escuchada". Por lo tanto, recibir la verdad de Dios en nuestras mentes es sólo el primer paso para llegar a adquirir verdadera sabiduría. Debemos permitir que lo que hemos escuchado llegue a ser parte de nuestro entendimiento. A medida que vayamos profundizando en esta nueva verdad de parte de Dios, y comencemos a ponerla en práctica en nuestro diario vivir, estaremos dando los primeros pasos hacia la sabiduría bíblica.

Necesitamos hacer una decisión al comienzo de nuestro peregrinaje a través de este libro. ¿Lo leeremos pensando que más conocimiento intelectual producirá cambios en nuestra manera de vivir? O, ¿nos someteremos a lo que la Biblia dice acerca de la sabiduría, y permitiremos que lo que leamos aquí sea llevado a la práctica de cada día?

Para que este libro tenga un valor significativo, debemos comenzar pidiendo a Dios que cambie nuestras metas, y en lugar de enfocarnos meramente en la lectura de un nuevo libro, o acumular más conocimiento intelectual, tengamos nuestro corazón listo para alcanzar la sabiduría. La adquisición de sabiduría requiere más tiempo que la mera acumulación de conocimiento intelectual. No nos conformemos con menos, sino busquemos lo mejor. Hagamos un esfuerzo concertado para que Dios nos conduzca del conformismo del status quo, en que hemos estado, a un lugar donde nuestra única meta sea la transformación de nuestra vida.

Para ayudarte en esa búsqueda de sabiduría hemos incluido, al final de cada capítulo, una sección que contempla: preguntas para discusión, puntos para la acción y enfoques de la oración. Creemos firmemente que si dedicas tiempo a hablar sobre el tema, y oras fervorosamente por lo que has leído, te sentirás motivado a poner en práctica lo que has aprendido. A medida que avances en tu jornada con Dios, su Espíritu tomará lo que estás poniendo en práctica para incorporarlo a tu nuevo estilo de vida.

Guía para los facilitadores de grupos pequeños

Aunque puedes embarcarte solo en la lectura de este libro, te exhortamos a que lo leas en compañía de otros, de manera que mientras lees y compartes, Dios pueda profundizar el contenido dentro de tu corazón. Al final de cada capítulo hemos incluido varios tópicos con la esperanza de que este libro pueda ser una guía de aplicación práctica. Al estimularte a que invites a otras personas a unirse contigo en esta jornada, esperamos que se convierta en una valiosa herramienta que Dios utilice para una obra profunda y duradera en tu vida, y las vidas de todos los que participen.

Al final de cada capítulo hay una pequeña sección que incluye:

Preguntas para la discusión: Estas preguntas están ahí como una ayuda para procesar lo que vayas aprendiendo, tanto individual como corporativamente.

Pasos para la acción: A menudo aprendemos algo intelectualmente, pero fallamos en hacer los ajustes prácticos en nuestras vidas que nos lleven a una transformación duradera. Esperamos que estos puntos de acción te ayuden a cruzar la línea y decidas poner en práctica lo que vayas aprendiendo. Si decides avanzar en esta jornada formando grupos pequeños, puedes usar estos puntos de acción para apoyarse unos a otros, y responder responsablemente en todo aquello que Dios te (les) vaya revelando a través de la lectura del libro.

Enfoques para la oración: Creemos que aunque podamos discutir algo usando nuestra mente, es sólo cuando traemos las cosas a Dios, en oración, que podemos apoderarnos de ellas con el corazón. Estos enfoques para la oración son sólo una guía inicial que confiamos te llevará a períodos de oración más intensa, para que cada sección del libro llegue a ser parte esencial de tu diario vivir.

Formato de los grupos pequeños

Sugerimos que dediques aproximadamente dos horas a cada encuentro para que el grupo pueda trabajar adecuadamente a través de dos capítulos del libro.

- Puedes comenzar la reunión del grupo con un tiempo de oración y adoración, de manera que los participantes se enfoquen en la persona de Jesús.

- Las preguntas para la discusión son importantes en el proceso, a través del libro, como grupo. Como facilitador, más que ocuparte de compartir toda la información, debes estimular la interacción abierta. A menudo será necesario sacarle conversación a los que suelen hablar menos para que todos tengan la oportunidad de compartir.
- Para los puntos de acción puedes considerar dividir el grupo en parejas o tríos. Si el grupo en su totalidad es mixto, será mejor dividirles tomando en cuenta que hombres juntos y mujeres juntas tienden a profundizar más a la hora de la reflexión. Pero es recomendable discutir asuntos en células de dos o tres para garantizar más transparencia y responsabilidad mutua.
- Dedica algún tiempo para orar en el grupo los unos por los otros

Debes tener presente que en el grupo se compartirán cosas que pueden ser confidenciales. Es posible que algunos de los que participan estén experimentando heridas profundas o luchas personales contra el pecado. Por eso es bueno que recuerdes con frecuencia, a los miembros de grupo, que el ambiente es seguro para compartir abierta y honestamente, y que, definitivamente, las confesiones de cada uno quedarán en el grupo.

Preparación personal

Si eres facilitador de un grupo debes estar preparado y con un conocimiento fresco del contenido del libro, de manera que puedas compartirlo con los demás. Una buena meta para ti, como facilitador, será pedirle a Dios que obre profundamente en tu propio corazón mientras lees el libro. Esto te permitirá compartir el material desde tu experiencia personal y no como un mero conocimiento intelectual.

Compromiso del grupo

Es muy importante que te mantengas apegado al texto del libro a fin de obtener el máximo beneficio. Al comenzar a trabajar como grupo puede tenerse una reunión introductoria en la que, como facilitador, ofrezcas una panorámica del contenido del libro y por qué crees valiosa la lectura del mismo. Ese puede ser un buen momento para que los participantes se comprometan a permanecer en el grupo hasta que hayan completado la jornada de lectura.

Puedes tomar la decisión de combinar el **Reto de los treinta días**, al final del libro, con el proceso de lectura. Aquellos que están supervisando un ministerio, van a encontrar consejos prácticos que pueden ayudarles a llevar a toda una congregación a participar de la experiencia con "Jornada hacia una vida fortalecida por el Espíritu Santo".

Mirando hacia delante

Cuando se haya completado la lectura del libro, ¿entonces qué? Esta es una pregunta muy común, especialmente entre los grupos de liderazgo. Como facilitador de grupo te exhorto a que te mantengas orando, pidiéndole a Dios que te muestre cuáles serán los pasos que Dios espera de ti (y de los miembros del grupo), una vez que hayan completado "Jornada hacia una vida fortalecida por el Espíritu Santo". Algunos miembros del grupo pudieran sentir que el Señor desea que lleven este estudio a su esfera de influencia (Por ejemplo: un(a) maestro(a) pudiera buscar la forma de iniciar esta experiencia en una escuela local, el director de una empresa pudiera sentir el deseo de comenzar un pequeño grupo en su lugar de trabajo, un miembro de una congregación pudiera considerar como esto podría germinar en el cuerpo de su iglesia). Continúa en oración hasta que el Señor te muestre como realizar la transición, para que logres llevar este mensaje a tu esfera de influencia.

Capítulo 1: La nueva vida en Cristo

"Sin embargo, vosotros no estáis en la carne sino en el Espíritu, si en verdad el Espíritu de Dios habita en vosotros. Pero si alguno no tiene el Espíritu de Cristo, el tal no es de él".
Romanos 8:9

Antes de entrar a discutir lo que significa vivir una vida fortalecida por el Espíritu de Dios, debemos determinar si tenemos o no el Espíritu de Dios viviendo en nosotros. Yo mismo, les diría, que fui cristiano por muchos años, pero carecía de la experiencia de un nuevo nacimiento por el Espíritu de Dios. La Palabra de Dios dice que las cosas de Dios son ocultas a las mentes de aquellos que no tienen el Espíritu de Dios (2 Corintios 4:3). Por lo tanto, creo que Dios desea darle a cada lector de este libro la oportunidad de comenzar hoy mismo su viaje con Jesucristo, si es que no lo ha hecho aún.

Para entrar realmente en el Reino de Dios, es esencial que te arrepientas de la forma en que has vivido en el pasado y te sometas a Jesucristo como tu nuevo Maestro. Estas no son meras palabras, que decimos con nuestros labios, sino que es en nuestros corazones que el Espíritu de Dios nos lleva al lugar donde podemos comenzar una vida de total rendición a él.

"Sepa, pues, con certeza toda la casa de Israel, que a este Jesús, a quien vosotros crucificasteis, Dios lo ha hecho Señor y Cristo. Al oír esto, compungidos de corazón, dijeron a Pedro y a los demás apóstoles: Hermanos, ¿qué haremos? Y Pedro les dijo: "Arrepentíos y sed bautizados cada uno de vosotros en el nombre de Jesucristo para perdón de vuestros pecados, y recibiréis el don del Espíritu Santo". **Hechos 2:36-38**

El arrepentimiento al que somos llamados es uno de total abandono de nuestros pecados pasados a cambio de la Vida de Cristo. Efectivamente, estamos diciendo que estamos entregando a Cristo, de forma definitiva, nuestra vida pecaminosa y estamos aceptando Su nueva vida libre de pecado. Le estamos dando permiso para que sea el Señor de nuestras vidas. Esta es una relación de pacto, similar al pacto al que entran un esposo y una esposa en el día de su boda. Como seguidores de Jesucristo, nuestro bautismo es como la ceremonia matrimonial, en la cual declaramos públicamente nuestra fidelidad a Jesucristo.

¿Por qué tendríamos que rendir nuestras vidas a Jesucristo?

Somos pecadores y estamos destinados a una separación eterna de Dios.

"Cuando la mujer vio que el árbol era bueno para comer y que era agradable a los ojos, y que el árbol era deseable para alcanzar sabiduría, tomó de su fruto y comió; y dio también a su marido que estaba con ella, y él comió. Entonces fueron abiertos los ojos de ambos, y conocieron que estaban desnudos; y cosieron hojas de higuera y se hicieron delantales. Y oyeron al Señor Dios que se paseaba en el huerto al fresco del día; y el hombre y su mujer se escondieron de la presencia del Señor Dios entre los árboles del huerto". Génesis 3:6-8

"…por cuanto todos pecaron y no alcanzan la gloria de Dios". Romanos 3:23

Desde el primer hombre y la primera mujer en el planeta hasta nuestros días, la humanidad ha vivido en rebelión pecaminosa contra el Dios Creador, escondiéndose de Su Presencia. La Palabra de Dios dice que todos hemos pecado y no alcanzamos la gloria de Dios. Eso quiere decir que no hay hombre, mujer o niño sobre la tierra que no haya nacido con un corazón pecaminoso. Todos nacemos con un corazón propenso a vivir en rebelión contra el Dios que nos creó. Vemos la manifestación de este corazón pecaminoso todos los días a través de las decisiones que hacemos, empeñándonos en nuestro orgullo, nuestro egoísmo, nuestra voluntad y nuestros propios caminos. Hay manifestaciones importantes, y otras menos importantes, que muestran nuestro corazón pecaminoso. Hasta lo podemos ver en niños pequeños que consideran que son el centro de todo lo que gira a su alrededor. "Yo" y "Mío" son algunas de las primeras palabras que incorporan a su vocabulario. Para nosotros esta naturaleza pecaminosa puede parecer algo de poca importancia, pero no es así.

El pecado es un gran problema

"Porque como los cielos son más altos que la tierra, así mis caminos son más altos que vuestros caminos, y mis pensamientos más que vuestros pensamientos". Isaías 55:9

Podemos pensar: "Y, ¿qué si soy a veces un poco egoísta u orgulloso? Unos más y otros menos, pero todo el mundo es así, y hasta los hay peores. Yo no soy Hitler o Stalin". Esa es la perspectiva de alguien que ha vivido en un mundo pecaminoso y sólo ha visto lo mejor y lo peor que la humanidad es capaz de ofrecer. La perspectiva de Dios es muy diferente a la nuestra. Dios ve al hombre pecador viviendo en total y absoluta rebelión contra Su posición como Rey del universo. Cada vez que decidimos confiar en nosotros mismos en vez de confiar en él, y hacer lo que nos place por orgullo e incredulidad, estamos levantando la espada y declarando la guerra en contra de Dios.

Puede que no lo veamos de esa manera. Puede que pensemos que estamos viviendo como viven todos los demás seres humanos. Los que son religiosos tal vez consideran que están agradando a Dios a través de su apego a ciertos rituales, pero el Creador del Universo mira a través de nuestros actos externos, y ve nuestros corazones orgullosos, egoístas e incrédulos. Somos una abominación para él mientras nos mantengamos aferrados a nuestros pecados. No tenemos esperanza de ser rescatados del infierno si nos empeñamos en continuar con esa forma de vida.

"Y él os dio vida a vosotros, que estabais muertos en vuestros delitos y pecados, en los cuales anduvisteis en otro tiempo según la corriente de este mundo, conforme al príncipe de la potestad del aire, el espíritu que ahora opera en los hijos de desobediencia, entre los cuales también todos nosotros en otro tiempo vivíamos en las pasiones de la carne, satisfaciendo los deseos de la carne y de la mente, y éramos por naturaleza hijos de ira, lo mismo que los demás". Efesios 2:1-3

Pablo escribe en Efesios que en nuestra propia naturaleza somos "hijos de ira". Nacemos con una naturaleza que no se puede salvar a sí misma, pero que está acumulando más juicio contra nosotros para el Día del Juicio de Dios de todos aquellos que han vivido en rebelión a Su justa autoridad (Romanos 2:5).

El Dios Creador ha proporcionado sólo una vía para que la humanidad pecadora sea restaurada a una correcta relación con él

"Porque de tal manera amó Dios al mundo, que dio a Su Hijo Unigénito, para que todo aquel que cree en él, no se pierda, mas tenga vida eterna". Juan 3:16

"Jesús le dijo: Yo soy el Camino, y la Verdad, y la Vida; nadie viene al Padre sino por mí". Juan 14:6

"Sabed todos vosotros, y todo el pueblo de Israel, que en el nombre de Jesucristo el Nazareno, a quien vosotros crucificasteis y a quien Dios resucitó de entre los muertos, por él, este hombre se halla

aquí sano delante de vosotros. Este Jesús es la piedra desechada por vosotros los constructores, pero que ha venido a ser la piedra angular. Y en ningún otro hay salvación, porque no otro nombre bajo el cielo dado a los hombres, en el cual podamos ser salvos". Hechos 4:10-12

Dios ha preparado para nosotros un camino para que regresemos a él. El mundo religioso nos va a decir que hay muchas formas de regresar a Dios. Ya sea a través de alguna de las religiones del mundo, o el cumplimiento de determinados requisitos por parte de sus fieles, el peso ha sido colocado sobre la humanidad para que logre arreglar las cosas con Dios. Ellos creen que por medio de cierto número de rituales religiosos se puede, de alguna manera, alcanzar el perdón de los pecados y ser restaurados delante de Dios. La Biblia enseña que el Dios Creador ha establecido una sola provisión para que la humanidad sea restaurada a una correcta relación con él, y es mediante el derramamiento de la sangre de Su Hijo Jesucristo, quien pagó el precio por nuestros pecados. Él sufrió en su propio cuerpo el castigo que nosotros merecíamos.

Todos los esfuerzos de la humanidad por complacer a Dios, a través de rituales religiosos, simplemente demuestran cuan pobre es la visión que tenemos de Dios. Pensar de Dios como un ser, con minúscula, y pretender que podemos llegar a la altura de Su santidad mediante nuestras "buenas obras", es ceguera espiritual. Somos ciegos al nivel de nuestra pecaminosidad. Cuán egoístas y cuán propensos somos al considerarnos nosotros mismos como Dios. No logramos siquiera entender un poco Su santidad, cuando ya creemos que podemos hacer algo en la tierra para ganarnos la entrada a Su Reino. No hay cosa alguna que la humanidad pueda hacer para alcanzar una santidad que agrade a Dios. Si este fuera el final de la historia, todos estaríamos destinados al infierno. Y como Dios es santo, la única esperanza que el hombre caído tenía era que Dios mismo descendiera hasta nuestro estado pecaminoso y nos rescatara para hacernos santos como él es santo.

Jesucristo es la provisión de Dios para la humanidad

"Mas él (Jesús) callaba y nada respondía. Le volvió a preguntar el sumo sacerdote, diciéndole: "¿Eres tú el Cristo, el Hijo del Bendito?" Jesús dijo: "Yo soy, y veréis al Hijo del Hombre sentado a la diestra del poder y viniendo con las nubes del cielo". Entonces el sumo sacerdote, rasgando sus ropas, dijo: "¿Qué necesidad tenemos de más testigos?" Marcos 14:61-63

En el libro de Marcos vemos como Jesús es interrogado por el sumo sacerdote y como él claramente responde: "Yo soy el Mesías". El Mesías es el Salvador de toda la humanidad. Esa respuesta enfureció al sumo sacerdote, pues ningún hombre podía llamarse a sí mismo Dios.

"Cuando llegaron al lugar llamado "La Calavera", crucificaron allí a Jesús, y a los malhechores, uno a la derecha y otro a la izquierda".

"Y Jesús clamando a gran voz, dijo: "Padre, en tus manos encomiendo mi espíritu". Y habiendo dicho esto, expiró". Lucas 23:33, 46

Jesucristo es el Hijo de Dios. Él vivió una vida perfecta y murió por los pecados de toda la humanidad. Él es el único capaz de librarnos de nuestra naturaleza pecaminosa y darnos Su divina naturaleza. Ningún otro nos puede salvar de nuestros pecados. Ninguna otra religión o rito religioso son aceptables a los ojos del Dios Creador. El ritual humano no es más que el fallido intento de la humanidad para ponerse a la altura de la santidad de Dios. No podemos siquiera acercarnos un poco. No importa cuánto nos esforcemos en el intento. No hay salvación en ningún otro, sólo en Jesucristo.

"Tomás, uno de los doce, llamado el Dídimo, no estaba con ellos cuando Jesús vino. Entonces los otros discípulos le decían: "¡Hemos visto al Señor!" Pero él les dijo; "Si no veo en sus manos la señal de los clavos, y meto el dedo en el lugar de los clavos, y pongo la mano en su costado, no creeré".

Ocho días después, sus discípulos estaban otra vez dentro, y Tomás con ellos. Y estando las puertas cerradas, Jesús vino y se puso en medio de ellos, y dijo: "Paz a vosotros". Luego dijo a Tomás: "Acerca aquí tu dedo, y mira mis manos, extiende tu mano y métela en mi costado, y no seas incrédulo, sino creyente".

Respondió Tomás y le dijo: "¡Señor mío y Dios mío!" Jesús le dijo: "¿Porque me has visto has creído? Dichosos los que no vieron, y sin embargo creyeron". Juan 20:24-29

La cruz fue la mayor expresión del Amor de Dios por nosotros. Jesucristo vivió para morir por nosotros. Dios el Padre permitió que Su Hijo fuera crucificado para que tú y yo pudiéramos recibir el perdón de nuestros pecados y reingresar a una vida de íntima relación con él.

"El que ha hallado su vida, la perderá; y el que ha perdido su vida por mi causa, la hallará". Mateo 10:39

Jesús está diciendo aquí que para alcanzar Su Vida debemos desprendernos de la nuestra. No es suficiente creer intelectualmente que Jesucristo es el Hijo de Dios, debemos rendir la totalidad de nuestras vidas a él. Si retenemos nuestras vidas, las perderemos para siempre al final de nuestros días. Aún muchos de aquellos que dicen ser "cristianos" están destinados al infierno, porque han puesto su esperanza en rituales religiosos (asistencia a la Iglesia, lectura de la Biblia, decir ciertas oraciones, etc.), pero han fallado en rendir la totalidad de sus vidas a Jesucristo para ser salvos.

Es sólo cuando una profunda y verdadera rendición de nuestras vidas toma lugar que una nueva vida comienza en nosotros. Esta nueva vida es la vida de Jesucristo mismo. Somos una nueva creación, "la vieja naturaleza se ha ido y la nueva ha llegado". (2 Corintios 5:17). No hay palabras para describir la nueva vida gloriosa que Jesús nos ofrece. Sólo aquellos que hemos confiado nuestras vidas totalmente a él podemos saber lo que ocurre, y cómo él comienza a cambiar los deseos de nuestros corazones para que concuerden con los deseos de Su corazón. ¡Cuán nueva y gloriosa es esta vida en Cristo!

Asistir a los servicios de la iglesia no significa que hayamos entrado a esta nueva vida. Que leamos la Biblia no garantiza que hayamos entrado a esta nueva vida. Repetir ciertas oraciones no es garantía tampoco. Se trata de que nuestros corazones entren en una genuina relación de pacto con el Dios Creador por medio de la sangre derramada por Su Hijo Jesucristo. Es sólo la rendición absoluta de nuestra vieja manera de vivir, y una completa entrega de nosotros mismos a Jesús, lo que hace que seamos nacidos de nuevo al Reino de Cristo.

La necesidad de ser nacidos de nuevo

"Respondió Jesús y le dijo: "En verdad, en verdad te digo que el que no nace de nuevo no puede ver el Reino de Dios". Juan 3:3

¿Estás seguro de haber nacido de nuevo? ¿Estás plenamente convencido de que el Espíritu de Dios ha venido a morar en tu interior? Si no es así, sería de gran ayuda que pidieras a otros, que sabes que caminan con Jesús, que te digan si ellos han visto alguna evidencia de que el Espíritu de Dios está viviendo en y a través de ti. Tú no deseas tener un falso sentido de seguridad cuando de esto se trata. La vida eterna y la muerte están en juego.

Testimonio

Asistí a la iglesia por más de 20 años antes de experimentar lo que significa "ser nacido de nuevo". Muchas veces oré pidiéndole a Jesucristo que "viniera a mi corazón", pero lo cierto era que yo no había rendido mi vida a él aún. De muchas formas yo continuaba controlando mi propia vida. Si recuerdo bien, nadie me alertó de mi precaria posición espiritual. Yo pensaba que todo estaba bien.

Eventualmente, el Espíritu de Dios me llevó a un punto en mi vida donde me di cuenta de que, o rendía toda mi vida a Cristo, o podía ir al infierno, aún cuando yo oraba y leía la Biblia desde que era un niño. En ese lugar de verdadera entrega a Jesucristo, todo lo que puedo decir es que en el corto período de una semana, había tenido más encuentros poderosos con Dios que los que había tenido en más de 20 años de mucha religiosidad.

Creo que hay muchos, que como yo, carecen de poder espiritual en sus vidas porquenunca han rendido verdaderamente sus vidas a Jesucristo. Ellos pueden ser "cristianos", asistir a los servicios de la Iglesia, leer sus Biblias y orar, pero en el interior de sus corazones, sus vidas aún les pertenecen a ellos mismos. Por lo tanto, ellos son aún hijos de ira y destinados al infierno, a menos que se arrepientan y rindan sus vidas a Jesucristo.

Te invito a que permitas que el Espíritu Santo escudriñe tu corazón ahora mismo. Continúa, permite que te revele si tu vida está rendida o no al Señorío de Jesucristo.

"No todo el que me dice: "Señor, Señor", entrará en el reino de los cielos, sino el que hace la voluntad de mi Padre que está en los cielos. Muchos me dirán en aquel día: "Señor, Señor, ¿no profetizamos en tu nombre, y en tu nombre echamos fuera demonios, y en tu nombre hicimos muchos milagros?" Y entonces les declararé: "Jamás os conocí; apartaos de mí los que practicáis la iniquidad". Mateo 7:21-23

Jesús habló de aquellos que profetizaban, echaban fuera demonios y hasta realizaban milagros en Su Nombre, pero no entrarían en el Reino de Dios. Permítele al Espíritu de Dios ir más allá de toda asunción que hayas hecho acerca de tu salvación. Tú quieres que la verdad acerca de tu salvación esté clara para ti. Es cuestión de vida o muerte. Él es el Médico Divino y si estás actualmente muerto espiritualmente, desearás saberlo de inmediato. Pero si queda aliento de vida en tu cuerpo todavía hay tiempo para el arrepentimiento que conduce a la vida eterna. (Hechos 11:18)

Si estás muerto espiritualmente, él es el único que puede devolverte la vida. Concédele tanto tiempo como necesites, a fin de estar consciente de donde te encuentras en tu relación con él. El fruto de tu vida debe semejar el fruto de la vida de Jesucristo. Si no es así, es porque no le has entregado toda tu vida a él, o has vuelto atrás pretendiendo tomar de nuevo posesión de tu propia vida. En cualquier caso, tienes en tus manos una emergencia espiritual, y debes prestarle atención ahora mismo. ¡No demores ni un minuto más!

Testimonio

Para mí, fue necesario regresar a la ocasión en que le dije a Jesús con toda honestidad: "De ahora en adelante, el resto de mi vida es tuya. Puedes hacer con ella lo que Tú desees". Entonces sucedió algo que ha cambiado radicalmente el curso de mi vida. Después de 20 años de religiosidad, ese fue el momento de mi nacimiento espiritual.

En lugar de tener una lista de determinados términos para usarlos durante tu tiempo de oración, te sugeriría que simplemente acudieras a Dios con honestidad y le entregaras la totalidad de tu ser. Confiésale cualquier pecado pasado o presente que venga a tu mente. Si hay alguien a quien no has podido perdonar, toma la decisión de hacerlo. Permítele al Espíritu de Dios llevarte al lugar del verdadero arrepentimiento, en el cual aceptas dejar tu vida de pecado de una vez por todas. Has vivido como Su enemigo. Has querido tomar el papel de "dios", y ésta es una situación muy seria. No se trata de una oración ligera. Se trata de admitir que la totalidad de tu vida ha estado en el lado equivocado, y que has rechazado el liderazgo de Dios sobre ti. Desde este momento en adelante estás invitándole a que dirija tu vida. Ya no más será tuya, sino de él.

Comienza a orar y confiesa tu pecado y tu deseo de que Jesucristo sea el Señor de tu vida. Continúa orando hasta que hayas entrado en una genuina comunión con él, y tu vida haya sido intercambiada por la Suya. Puede ser cuestión de minutos, horas, días o semanas, pero debes ser persistente hasta que esa entrega sea total. El Señor mismo te dará confirmación de que "ahora eres realmente Su hijo".

"Porque todos los que son guiados por el Espíritu de Dios, los tales son hijos de Dios. Pues no habéis recibido un espíritu de esclavitud para volver otra vez al temor, sino que habéis recibido un espíritu de adopción como hijos, por el cual clamamos: "¡Abba, Padre!". El Espíritu mismo da testimonio a nuestro espíritu de que somos hijos de Dios". Romanos 8:14-16

Tiempo de oración: Te exhortamos a que te detengas aquí y tomes tiempo para rendir la totalidad de tu vida a Jesús. Por favor, toma el tiempo que necesites. Puedes poner el libro aparte y acudir a Dios para abrirle tu corazón.

Una vida totalmente nueva

"De modo que si alguno está en Cristo, nueva criatura es; las cosas viejas pasaron; he aquí, son hechas nuevas". 2 Corintios 5:17

"Porque él nos libró del dominio de las tinieblas y nos trasladó al reino de su Hijo amado, en quien tenemos redención, el perdón de pecados". Colosenses 1:13-14

Si ya rendiste la totalidad de tu pasado, presente y futuro a Jesucristo, ahora eres un hijo de Dios. Has sido transferido del reino de las tinieblas al Reino de luz. Las Escrituras nos dicen que aún los ángeles en el cielo se regocijan por un pecador que se arrepiente. (Lucas 15:10) Al cambiar tu vida por la vida de Cristo, has hecho la más grande decisión que jamás hayas hecho en tu vida terrenal. Esto es sólo el comienzo de tu jornada con Dios y no el final. Hay una aventura esperando por ti, a medida que vas avanzando hacia un conocimiento real de quién es él. Habrá muchas batallas que enfrentar, y obstáculos que vencer, pero no debes sentir temor alguno porque él ha prometido estar contigo siempre hasta el fin de los tiempos (Mateo 28:20). Si no te apartas de él, él no te abandonará (2 Timoteo 2:11-13).

Aquellos que ya han cruzado la línea de la entrega total a Jesucristo, pueden tener la seguridad de que el Espíritu de Dios ahora vive en ustedes. En el resto de este libro estaremos explorando lo que significa tener a Dios mismo habitando en nosotros. Veremos cómo esta realidad supernatural debe afectar nuestras vidas, nuestras relaciones familiares y nuestra esfera de influencia. ¡Esperamos que te unas a nosotros en esta "Jornada hacia una vida fortalecida por el Espíritu Santo"!

Preguntas para discusión

1. ¿Alguna vez has rendido la totalidad de tu vida a Jesucristo? De no haber sido así, ¿Estás listo para rendir a él tu vida ahora?
2. De acuerdo a los pasajes de la Escritura que hemos visto hasta aquí, ¿Cómo sabes que el Espíritu de Dios ha llegado a vivir en tu interior? (Romanos 8:14-16, 2 Corintios 5:17). ¿Cuál ha sido tu experiencia de la Vida de Dios vivida en y a través de ti?
3. ¿Alguna vez has estado luchando para vencer al pecado? ¿Crees que una de las razones de esa lucha ha tenido que ver con tu intento de vivir la "vida cristiana" contando con tus propias fuerzas? (Explica/Discute).

Paso de acción

Preséntale a Dios tu actual condición espiritual y pídele su dirección. Si aún no has rendido la totalidad de tu vida a Jesucristo, toma tiempo ahora para bregar con esa decisión. No abandones esta sección del libro hasta que hayas cruzado la línea de esa decisión, que permitirá a Jesús tener la totalidad de tu vida.

Oración

Para este capítulo, te exhortamos a que entres por vez primera, o entres de nuevo, a ese lugar de total entrega de tu vida a Jesucristo. Haz de este propósito el enfoque de tu período de oración. Toma el tiempo que necesites hasta que esa experiencia llegue a ser la realidad de tu corazón.

Capítulo 2: Cómo definir una vida fortalecida por el Espíritu Santo

Una visión para equipar a millones de individuos, familias, centros de trabajo y congregaciones locales para ser fortalecidos por el Espíritu

En los primeros años de la década de los 90, África enfrentaba la posibilidad de ser señalada como la nación más azotada por el VIH/SIDA, mundialmente. Durante aquel tiempo el pueblo ayunaba y oraba. Buscaban en la sabiduría de Dios una estrategia que pudiera revertir lo que sucedía en su nación. Dios les instruyó en la formación de un estilo de vida dentro del cuerpo de Cristo, basado en el fortalecimiento que da el poder del Espíritu. Les fue advertido que solamente en la medida que tal estilo de vida, una total rendición a Jesucristo, fuese establecido entre el pueblo de Dios, podrían ellos hacer retroceder las fuerzas espirituales oscuras y establecer el Reino de Jesucristo.

Mientras obedecían las instrucciones del Señor, comenzaron a ver el impacto del Reino de Dios, virtualmente en cada faceta de la sociedad: el matrimonio y la familia, los negocios y la mayordomía de las finanzas, el gobierno, la educación y los medios de comunicación.

Creemos que en la medida en que cada nación cree un estilo de vida lleno del Espíritu de Dios, podremos ver retroceder las tinieblas, y la voluntad y los caminos de Cristo establecidos en la tierra como es el cielo (Mateo 6:9-13). Creemos que Dios quiere levantar el nivel de nuestra fe hasta que lleguemos a creer como él cree, de manera que pueda usarnos para realmente establecer su Reino

¿Qué queremos decir con la expresión: "fortalecido por el Espíritu"?

A fin de discutir lo que queremos decir al hablar de una vida fortalecida por el Espíritu, hay que tener en cuenta dos sencillas preguntas que ayudan a aclarar lo que estamos conversando.

1. Qué porcentaje de un día típico en tu vida es auto-dirigido? O sea, ¿ Qué porcentaje de tu día típico es guiado por tu propia mente, voluntad y emociones?

2. ¿Qué porcentaje de un día típico en tu vida es verdaderamente guiado por el Espíritu Santo? O sea, ¿Qué porcentaje del día vives muerto a tus propios pensamientos, voluntad y emociones, y vives guiado por el Espíritu de Dios?

Este estilo de vida puede resumirse de manera muy sencilla: "reconociendo que consiste en vivir cada momento de nuestra vida con el propósito explícito de elegir exactamente lo que Espíritu pide de nosotros" (Gálatas 5:25). Lo que este estilo de vida es, y cómo en la práctica comenzamos a vivir de esta manera, son algunas de las cosas que queremos examinar. Puedes estar seguro de que esto no es humanamente posible, sino que solamente el Espíritu Santo nos puede llevar a vivir esta realidad.

"No os embriaguéis con vino, en lo cual hay disolución; antes bien, sed llenos del Espíritu". Efesios 5:18

Dios nos ha dado un mandato muy claro: "sed llenos del Espíritu". A fin de abandonar el bagaje religioso que rodea esta terminología, tenemos que retroceder y re-examinar la intención original de Dios al enviar el Espíritu Santo a aquellos que creen en su Hijo Jesucristo. En lugar de sostener la comprensión de nuestra denominación acerca del Espíritu de Dios, o de nuestra buena o mala experiencia de discusiones pasadas, tenemos que volver a la Palabra de Dios con "ojos frescos" a fin de descubrir cuál era la intención de Dios cuando dijo que estemos continuamente "llenos del Espíritu".

La norma de una vida fortalecida por el Espíritu Santo sobrepasa cualesquiera diferencias entre evangélicos y carismáticos. Se refiere a una vida que está constantemente llena del Espíritu de Dios. Es una vida que ha muerto a nuestra voluntad, de manera que estamos llenos de la vida de Dios mismo. Quiere esto decir que somos un verdadero recipiente, o cuerpo, para que Cristo cumpla su propósito eterno a través de nosotros.

El propósito de Dios al enviarnos el Espíritu Santo

"Y yo rogaré al Padre, y os dará otro consolador, para que esté con vosotros, siempre; el Espíritu de verdad, al cual el mundo no puede recibir, porque no le conoce; pero vosotros le conocéis, porque mora con vosotros, y estará en vosotros. No os dejaré huérfanos; vendré a vosotros. Todavía un poco, y el mundo no me verá ya más; pero vosotros me veréis; porque yo vivo, vosotros también viviréis. En aquel día vosotros conoceréis que yo estoy en mi Padre, y vosotros en mí, y yo en vosotros". (Juan 14:16-20)

"Mas el Consolador, el Espíritu Santo, a quien el Padre enviará en mi nombre, él os enseñará todas las cosas, y os recordará todo lo que os he dicho". (Juan 14:26)

"Pedro les dijo: Arrepentíos, y bautícese cada uno de vosotros en el nombre de Jesucristo, para perdón de los pecados; y recibiréis el don del Espíritu Santo". Hechos 2:38

El Espíritu Santo es una persona. Tiene mente, voluntad y emociones. Ha sido enviado para traer a nuestra memoria todo lo que Jesús nos enseñó. Él puede complacerse y regocijarse, pero también puede entristecerse (Lucas 10:21, 1 Tesalonicenses 1:6, Isaías 63:10, Efesios 4:30). Él habla a hombres y mujeres que se han rendido a él, y también habla a través de ellos (Marcos 13:11, Hechos 21:11, 2 Pedro 1:21).

Palabras de Jesús: *"Pues si vosotros, siendo malos, sabéis dar buenas dádivas a vuestros hijos, ¿cuánto más vuestro Padre celestial dará el Espíritu Santo a quienes se lo pidan?"* Lucas 11:13

Dios voluntariamente da el Espíritu Santo para que more en aquellos que han entregado sus vidas a Jesucristo. Al enviarnos la persona del Espíritu Santo, la intención primaria de Dios era establecer un tipo de humanidad completamente nuevo. Somos un nueva creación debido al hecho de que Dios mismo habita ahora nuestros cuerpos físicos (1 Corintios 6:19, 2 Corintios 5:17, Gálatas 6:15). La vida de esta nueva creación no tiene que ver con nosotros intentando ser buenas personas, sino con aprender a morir para que él pueda vivir a través de nosotros.

"Y no contristéis al Espíritu Santo de Dios, con el cual fuisteis sellados para el día de la redención". Efesios 4:30

Es posible entristecer al Espíritu Santo, y resistirnos a permitirle tomar total control de nuestras vidas. En su lugar, Dios busca un pueblo que rinda verdaderamente todas las formas en las que ha vivido para sí mismo. De esta manera la vida de Dios es liberada para que fluya en nosotros y a través de nosotros, hacia un mundo perdido y moribundo.

"Con Cristo estoy juntamente crucificado, y ya no vivo yo, mas Cristo vive en mí; y lo que ahora vivo en la carne, lo vivo en la fe del Hijo de Dios, el cual me amó y se entregó a sí mismo por mí". Gálatas 2:20

Basados en las Escrituras, la intención primaria de Dios al enviarnos el Espíritu Santo, a nivel de su corazón, fue que muriésemos nosotros mismos a tal grado que ya no nos fuese posible vivir, sino que fuese Jesús quien realmente viviese a través de nosotros.

"Yo soy la vid, vosotros los pámpanos; el que permanece en mí, y yo en él, este lleva mucho fruto; porque separados de mí nada podéis hacer". Juan 15:5

¿Te has detenido a pensar en lo que Jesús quiso decir cuando afirmó que "nada" podemos hacer separados de él? Claramente, hay mucho que podemos hacer separados de él. Podemos pecar temerariamente separados de él, podemos formar nuestras familias separados de él, aún podemos llevar a cabo un "ministerio" separados de él, y sin embargo él llama a todo esto "nada". De alguna manera, en la evaluación que Dios hace de nuestras vidas, si no andamos en intimidad profunda con él, todo lo que hacemos es nada. Él habla de una vida tan rendida a la persona del Espíritu Santo que no podemos siquiera decir una palabra a menos que el Padre nos la haya dado para decirla.

"¿No crees que yo soy en el Padre y el Padre en mí? Las palabras que yo os hablo, no las hablo por mí propia cuenta, sino que el Padre que mora en mí, él hace las obras". Juan 14:10

En Juan 14 Jesús nos estaba modelando lo que significa ser totalmente guiados por Dios. Jesús no estaba dispuesto a hablar una sola palabra si no era la del Padre que vivía a través de él. La pregunta ahora es: "¿Realmente Dios espera que yo viva de esa manera?" Y si es así, "¿Por qué no he conocido a nadie que siquiera se asemeje un poco a lo que se está describiendo?" La respuesta a la primera pregunta es "sí," como veremos en 1 Juan 2:6. La respuesta a la segunda pregunta es triste, y es en parte la razón por la que este libro ha sido escrito.

"El que dice: Yo le conozco, y no guarda sus mandamientos, el tal es mentiroso, y la verdad no está en él; pero el que guarda su palabra, en éste verdaderamente el amor de Dios se ha perfeccionado; por esto sabemos que estamos en él. El que dice que permanece en él, debe andar como él anduvo". 1 Juan 24-6

La Palabra de Dios mantiene que si decimos que somos seguidores de Jesucristo, entonces nuestras vidas deben ser vividas de la misma manera que Jesús vivió. Esta es una norma increíblemente elevada, sin embargo es la intención del corazón de Dios para cada uno de sus hijos. Aunque no hayamos visto esta norma modelada para nosotros, tal es la norma que la Palabra de

Dios nos pone delante. Juan establece que así es como podemos saber que estamos en él, en la medida en que vivimos de la misma manera que Jesús vivió.

¿Ha sido esta nuestra comprensión del evangelio, o nos hemos acomodado a la retórica religiosa sin la realidad de la vida de Dios fluyendo en nosotros y a través de nosotros? ¿Es posible que muchos de nosotros hayamos minimizado la intención de Dios al enviarnos su Espíritu, cayendo en las diversas actividades religiosas (asistir a la iglesia, leer la Biblia, participar en eventos religiosos, etc.) cuando en lugar de eso él desea que sus hijos hagan que, literalmente, Su vida fluya a través de ellos?

El Espíritu Santo hace realidad el Nuevo Pacto

"Y nos atestigua lo mismo el Espíritu Santo; porque después de haber dicho: "Este es el pacto que haré con ellos después de aquellos días, dice el Señor; pondré mis leyes en sus corazones, y en sus mentes las escribiré". **Hebreos 10:15-16**

Se nos ha dicho que en el Nuevo Pacto no tendremos que tratar de obedecer la ley mediante nuestros propios esfuerzos, sino que el Espíritu de Dios cumplirá la ley al rendirnos y confiar en él.

"Porque lo que era imposible para la ley, por cuanto era débil por la carne, Dios, enviando a su Hijo en semejanza de carne de pecado y a causa del pecado, condenó al pecado en la carne; para que la justicia de la ley se cumpliese en nosotros, que no andamos conforme a la carne, sino conforme al Espíritu". **Romanos 8:3-4**

Es nuestra creencia que, elevando la verdadera norma de la vida fortalecida por el Espíritu Santo, la Iglesia Universal de Dios comenzará a levantarse en la plenitud que Dios intentaba para ella desde el principio, y que hemos visto manifestada en varios momentos de la historia de la Iglesia. A medida que más y más creyentes en Jesucristo aprenden a vivir un estilo de vida fortalecido por el Espíritu Santo, ellos serán usados por Dios para discipular a sus familias, sus congregaciones locales y sus esferas de influencia en la voluntad y manera de Jesucristo.

Terminología

En Uganda, cuando Dios les habló acerca de formular un estilo de vida para aquellos que, dentro del Cuerpo de Cristo, estaban rendidos a él, un término utilizado fue "altares de oración". Otros hablan acerca de un estilo de vida "sermón del monte," o "la vida pertinente". Mientras oraba acerca de la manera más clara de nombrar este estilo de vida, lo que vino a mi corazón fue lo que la Biblia menciona acerca de la necesidad de vivir una vida fortalecida por el Espíritu Santo. La terminología que usamos no es ni cercanamente tan importante como el estado de nuestros corazones, y si la entrega de nuestras vidas al liderazgo de Jesús es total o no.

Como elevar la norma de una vida fortalecida por el Espíritu

Una persona verdaderamente fortalecida por el Espíritu es alguien que vive una vida radicalmente consagrada a Jesucristo y ha aprendido a vivir con una fe incondicional en el carácter, la voluntad y los caminos de Dios. Como resultado de su rendición y fe en el Espíritu de Dios, progresivamente experimentará victoria sobre todo lo que obstaculice el avance del Reino de Cristo. Este victorioso estilo de vida lleva sobrenaturalmente al evangelismo, el discipulado y a un amor incondicional a Dios y a los demás.

Este libro discutirá varios componentes para vivir una vida fortalecida por el Espíritu:

- Un estilo de vida de profunda intimidad con Dios (mediante la Palabra, la adoración, la oración, etc.)
- Un estilo de vida de "guerrero de oración" - intercediendo por los propósitos de Dios.
- Un estilo de vida de ganador de almas -regularmente buscando oportunidades para compartir el Evangelio de Jesucristo con aquellos que no lo conocen.
- Un estilo de vida de discipulado -el cual toma tiempo para modelar y enseñar lo que Dios nos ha enseñado en profunda relación con otros.
- Un estilo de vida de enviar discípulos a hacer lo mismo, plantando discípulos fortalecidos por el Espíritu en sus familias, y esferas de influencia.

Este tipo de equipamiento es un acercamiento proactivo para discipular cada faceta de la sociedad. Se comienza por el cuerpo de Cristo ya existente en cualquier región del mundo, y se continúa con aquellos que Dios transforme mediante sus vidas fortalecidas por el Espíritu. Cuando hayamos tomado aún un alma que vive este estilo de vida, y la alentemos a establecer este estilo de vida en sus familias, y en su esfera de influencia, habrá frutos extraordinarios, porque no es una estrategia humana sino el Espíritu de Dios viviendo a través de ella para discipular las naciones. Este estilo de vida ayuda a activar cada miembro del cuerpo de Cristo en una región para convertirlo en verdadero embajador de Jesucristo en su esfera de influencia (2 Corintios 5:20).

La implementación de este proceso para establecer este estilo de vida ya está produciendo tremendos frutos en las naciones de China, India, Uganda, Taiwán, Argentina, así como en otras partes de Asia, África, Europa y las Américas.

El discipulado de las naciones es obra de Dios, no nuestra. Solamente cuando morimos a nosotros mismos, él tendrá la libertad de vivir su vida a través de nosotros. Creemos que es tiempo ya para que las naciones crean en Dios y se levanten millones de seguidores de Cristo fortalecidos por el Espíritu. Millones de almas unidas en profunda y real intimidad con Dios su creador. Millones de almas que han escogido vivir como guerreros de oración y diariamente claman para que la voluntad de Dios se haga en la tierra. Millones de ganadores de almas que llevarán el amor y la vida de Jesucristo a aquellos que no lo conocen. Millones de formadores de discípulos que formarán a la siguiente generación entregada radicalmente a Jesucristo y entonces la enviarán a hacer lo mismo. ¿Te unirás a nosotros?

Todo el Cuerpo de Cristo es necesario

"Guarda el buen depósito por el Espíritu Santo que mora en nosotros". 2 Timoteo 1:14

La persona del Espíritu Santo organiza toda la obra de Dios en la tierra. Necesitamos de él si queremos que nuestra labor por Cristo sea efectiva. Por lo tanto, creemos que este llamado es para todo el Cuerpo de Cristo. El corazón de la vida fortalecida por el Espíritu no está, doctrinalmente, dentro de alguna denominación, sino que se basa en los principios fundamentales que son aplicables a todo los seguidores de Jesucristo mundialmente. Invitamos a todos los llamados por el nombre del Señor Jesucristo a participar en esta obra de levantar seguidores fortalecidos por el Espíritu en todas las naciones.

Tú tienes un papel que desempeñar en tu nación

¿Permitirás que el Espíritu de Dios comience a obrar más profundamente en tu vida y esfera de influencia?

"Si dijeres en tu corazón: Estas naciones son muchos más numerosas que yo; ¿cómo las podré exterminar? No tengas temor de ellas; acuérdate bien de lo que hizo Jehová tu Dios con Faraón y con todo Egipto". Deuteronomio 7:17-18

Creemos que nuestro Dios es celoso por las naciones de la tierra. Creemos que él quiere que las naciones se vuelvan con entusiasmo a Jesús. Creemos que él está buscando un pueblo que responderá con fe y creerá en él para hacer aquello que es humanamente imposible (Mateo 19:26).

"Y de una sangre ha hecho todo el linaje de los hombres, para que habiten sobre toda la faz de la tierra; y les ha prefijado el orden de los tiempos y los límites de su habitación para que busquen a Dios, si en alguna manera, palpando, puedan hallarle, aunque ciertamente no está lejos de cada uno de nosotros". Hechos 17:26-27

Basado en Hechos 17, ¿hay un propósito redentor en el por qué Dios ha permitido que tu nación exista? ¿Es posible que Jesús quiera traer tal movimiento del Espíritu a tu nación para así comenzar a tocar los más lejanos confines de la tierra? ¿Es posible que tengas un papel que desempeñar en tu nación elevándola para que cumpla el propósito original de Dios?

"Reedificarán las ruinas antiguas, y levantarán los asolamientos primeros, y restaurarán las ciudades arruinadas, los escombros de muchas generaciones". Isaías 61:4

Preguntas para discusión

1. ¿Cuál ha sido tu punto de vista acerca del Espíritu Santo en el pasado? ¿Le has visto como una persona? Y si es así, ¿en qué forma?
2. ¿Cuál ha sido tu experiencia diaria en el aprendizaje de permitir al Espíritu de Dios que viva su vida a través de ti?
3. ¿ En qué áreas de tu vida dirías que hay espacio para crecer dando mayor control al Espíritu de Dios?

Paso de acción

"Mis ovejas oyen mi voz, y yo las conozco, y me siguen".
Juan 10:27

Pide a Dios una acción a tomar para que te ayude a crecer en tu comprensión de lo que es su Espíritu viviendo en y a través de ti. Escríbela, y mediante la gracia de Dios, ora por ella y llévala a la práctica. Observa cómo Dios obra cuando le obedeces.

_____

_____

_____

Enfoque de oración

Espíritu Santo, te pido que te reveles a mí en forma más profunda que las que haya conocido antes. Te pido que me enseñes lo que significa para ti estar en control de mis pensamientos, mi hablar y mis acciones. Abro mi corazón a ti y te pido que me llenes con tu vida. Enséñame a volver mi vida más y más a ti. (Continúa orando según Dios te guíe.)

Capítulo 3: Cómo hacer discípulos a todas las naciones

¿Cuál es la visión de Dios para las naciones? ¿Qué nivel de fe tiene él para ellas?

A fin de saber en qué hay que tener fe, es esencial que obtengamos un conocimiento más profundo de la voluntad de Dios para las naciones. ¿Crees que Jesucristo quiere manifestar su Reino en la tierra? ¿Crees que a él le ha sido dada autoridad para esto? ¿Cuánta más autoridad necesita Jesús antes que su Reino sea manifestado en la tierra?

"Jesús se acercó y les habló diciendo: "Toda potestad me es dada en el cielo y en la tierra. Por tanto, id y haced discípulos a todas las naciones, bautizándolos en el nombre del Padre, del Hijo, y del Espíritu Santo, y enseñándoles que guarden todas las cosas que yo os he mandado. Y yo estoy con vosotros todos los días, hasta el fin del mundo". Mateo 28:18-20

Vemos en estas palabras finales de Jesús, antes de su partida de la tierra, que él tiene el deseo y la fe para creer que NACIONES ENTERAS llegarán a ser sus discípulos, que naciones enteras serán instruidas en sus mandamientos y comenzarán a vivir de acuerdo con ellos. Esto es lo que Dios quiere, y hemos de tener una revelación profunda acerca de ello para que podamos tener la fe necesaria para creer en lo mismo que él cree.

La palabra griega usada aquí es mazetéuo, y se refiere a "ayudar a alguien a convertirse en un discípulo maduro" (literalmente, "un aprendiz," un verdadero seguidor de Cristo). (Ref. Helps Word Studies). Jesús está diciendo que Su iglesia ha de ir hacia adelante y hacer de las naciones sus estudiantes, enseñando a las naciones cómo poner en práctica todo lo que él nos enseñó. De esta manera el Reino de Dios será establecido en la tierra como en el cielo, tal como Jesús nos enseñó que oráramos:

"Vosotros, pues, oraréis así: "Padre nuestro que estás en los cielos, santificado sea tu nombre. Venga tu Reino. Hágase tu voluntad, como en el cielo, así también en la tierr ...". Mateo 6:9-10

Si Dios tiene fe por las naciones, ¿qué es lo que constituye una "nación"?

Mientras hay muchos tecnicismos para que podamos describir una nación basados en el lenguaje común, cultura, etnia, historia, etc., aquí queremos mencionar solamente 5 instituciones claves mencionadas en la Palabra de Dios como creadas por Dios, y que ayudan a la fundación de cualquier nación o territorio.

5 Instituciones de una Nación:
- **El matrimonio y la familia** (Génesis 2:18-24, Deuteronomio 8:18, 28:12).
- **Negocios/ Mayordomía financiera/Acopio de recursos** (Génesis 2:15, Deuteronomio 8:18, 28:12).
- **Gobierno** (Romanos 13:1).
- **Sistema de creencias** (Educación, medios de comunicación, las artes ...) (Deuteronomio 4:14, Mateo 28:20, Éxodo 31:3, Hechos 19:23-27).
- **Sacerdocio/Líderes espirituales** (Éxodo 19:5-6, 1 Pedro 2:4-9).

Si tomamos en serio el mandamiento de Jesús de discipular a las naciones, entonces tenemos que ser proactivos en creer que el Espíritu de Dios establece su Reino en cada una de estas áreas de la sociedad.

¿Se ha convertido tu nación en discípulo de Cristo?

Este nivel de discipulado, ¿ha sido alcanzado ya en nuestra nación? ¿Hemos desmantelado sistemáticamente cada una de las facetas de la sociedad y comenzado a hacerlas aprendices y estudiantes de la voluntad y los caminos de Jesucristo? ¿Han sido instruidos debidamente nuestras familias, nuestro gobierno, nuestros negocios, nuestro sistema educacional, nuestros medios de comunicación, la televisión, y nuestras congregaciones, en todos los mandamientos de Jesús a tal grado que ya se están implementando sus normas de vida? Si no hemos visto esto aún, entonces hay mucho más trabajo que hacer.

Nosotros tenemos la esperanza de que esta revelación a las naciones nos mostrará el propósito de Dios para su Cuerpo, que es más que plantar iglesias a lo largo de la sociedad.

"Porque la tierra se llenará del conocimiento de la gloria de Jehová, como las aguas cubren el mar". Habacuc 2:14

¿ Cuánta agua cubre los abismos oceánicos? ¿Solamente una pequeña cantidad de agua cubre el fondo del océano, o lo cubre el agua masivamente? (Los científicos han determinado que la profundidad promedio del océano es de 3,682 metros, o 12,080 pies). La Palabra de Dios habla acerca de un tiempo cuando la tierra será llena del conocimiento de la gloria de Dios como las aguas cubren el mar. Unamos nuestra fe a la fe de Dios y creamos que esto se dará en nuestros días.

¿Qué hay en corazón de Dios para los perdidos? ¿Está Dios contento viéndolos perecer e ir al infierno eterno?

"Exhorto ante todo, a que se hagan rogativas, oraciones, peticiones y acciones de gracias por todos los hombres, por los reyes y por todos los que tienen autoridad, para que vivamos quieta y reposadamente en toda piedad y honestidad. Esto es bueno y agradable delante de Dios, nuestro Salvador, el cual quiere que todos los hombres sean salvos y vengan al conocimiento de la verdad".
2 Timoteo 2:1-4

Pablo nos enseña que el deseo de Dios es que TODA LA HUMANIDAD sea salva y venga al conocimiento de la verdad de su Hijo Jesucristo. Saber esto nos hará más atrevidos en la obediencia a su mandamiento de hacer discípulos a todas las naciones.

¿Dios tiene fe en ver a tu nación convertida en discípulo de Jesucristo?

Testimonios de las naciones

A fin de acercarnos a la fe que Dios tiene para nuestra nación, es de gran ayuda escuchar testimonios de lo que Dios está haciendo en otras partes del mundo. Ya que él no hace acepción de personas (Hechos 10:34-35), podemos creer que si él hace esto en una parte de la tierra, está dispuesto a hacerlo también donde nosotros vivimos. Todo lo que se requiere de nosotros es alinear nuestras vidas con su Espíritu de tal manera que él sea libre de producir frutos similares en y a través de nuestras vidas.

Testimonio de Mongolia

La iglesia mongola no usa los nombres Bautista, Metodista, etc. Ellos prefieren usar el nombre "Iglesia Mongola." Dios ha puesto en el corazón del Cuerpo de Cristo en Mongolia una visión: ver el 10% del país convertido en verdaderos discípulos de Jesucristo en el transcurso de los próximos años (hoy el porcentaje es del 2 al 3%). Esto significaría cientos de miles de almas llegando a conocer a Jesús en un período corto de tiempo.

Dios ha levantado un movimiento de oración 24-7 en el cual las iglesias de la ciudad capital oran día y noche para que se mueva el Espíritu de Dios. Para tomar parte en esto han reclutado el 90% del cuerpo de Cristo en la ciudad capital. Un coordinador supervisa la capital (9 distritos), y otro coordinador el campo (21 distritos). Cada semana se reúne la junta administrativa del Movimiento de Oración para escuchar las instrucciones de Dios en cuanto a lo que él quiere que se haga a continuación. Muchos testimonios están llegando a medida que el pueblo comprende que el Reino de Dios no avanzará sin una profunda dependencia del Espíritu de Dios.

Testimonio de Indonesia

Conocida mundialmente como la nación con la mayor población musulmana, Indonesia está experimentando un poderoso avivamiento gracias a la oración. Cinco millones de cristianos participan en oración constante a través de cientos de ciudades enfocando su oración en el gobierno, los medios de comunicación, y temas de preocupación que tienen que ver con la juventud, la sociedad y la religión.

Los organizadores de la oración han comisionado edificios de múltiples pisos a lo largo y ancho del país donde se han establecido viviendas para los intercesores en esta iniciativa interdenominacional. En estos lugares de oración, los participantes hacen turnos de cuatro horas, con la opción de descansar a fin de recargarse para sus siguientes sesiones de oración.

Recientemente cerca de 100,000 cristianos, incluyendo 20,000 niños entrenados como intercesores, se reunieron en un estadio en Jakarta, la ciudad capital de la nación, para una reunión de oración en gran escala que fue televisada a otras 300 ciudades por todo el país. Durante los últimos 15 años se ha reportado un crecimiento en el número de seguidores de Cristo de un 7% al 17%. ¡Dios se está moviendo en Indonesia!

Testimonio de China

Se estima que en 1948 sólo había un millón de seguidores de Cristo en China. El avivamiento dio inicio en las áreas rurales de China y se fue extendiendo a ciudades como Shanghai. Mucho de este avivamiento fue impulsado por la sangre de los mártires y las vidas de aquellos que estuvieron dispuestos a darlo todo por el Reino de Jesucristo. Hoy se estima que hay entre

75 y 81 millones de seguidores de Cristo en China. Se estima que cada día vienen a Jesucristo ¡35,000 almas! Hoy China posee una de las mayores poblaciones de cristianos en el mundo.

No es coincidencia que durante este mismo período de explosivo crecimiento de la iglesia, el estilo de vida de los creyentes ha sido de radical rendición y fe en Dios. Muchos han dedicado voluntariamente sus vidas a contribuir a que el Evangelio penetre en todos los aspectos de la sociedad. Hoy, lo que estamos viendo no tiene precedentes en la historia de la iglesia, pero debe recordarse que por ello ha habido que pagar un gran precio. Hubo quienes como Hudson Taylor, y muchos otros, que fueron los pioneros en construir el fundamento para el evangelio en una época cuando pocos eran receptivos.

Testimonio de Uganda

La nación de Uganda ha atravesado por muchas dificultades a través de los años. Como resultado, el cuerpo de Cristo en Uganda es de gran aliento para que cualquier nación crea que, si sencillamente se persiste en la voluntad y los caminos de Dios, no hay nación o grupo de personas incapaces de llegar a ser discípulos de Cristo.

El patrón fue simple. El pueblo se humilló a sí mismo, oró, buscó Su rostro, y se volvieron de sus malos caminos. La poderosa respuesta a su humildad ha causado que muchos viajen alrededor para ver la obra de la mano de Dios.

Durante un período de 24 años (1962 al 1986) Uganda sufrió diez dictaduras y derramamientos de sangre, uno tras otro. En 1971 Idi Amín llegó al poder como dictador islámico determinado a matar a todos los que estaban en posiciones influyentes. Con frecuencia miembros del Cuerpo de Cristo eran arrestados, torturados, y aún algunos fueron asesinados a causa de su fe. El ambiente su puso tan malo que el único lugar seguro para orar era la selva por la noche.

Una y otra vez, a medida que el nivel de oración en el cuerpo de Cristo aumentaba, las oraciones iban dando lugar a cambios en el entorno físico. Finalmente, después de todas aquellas luchas, un nuevo presidente llegó al poder en 1986, y la paz y la libertad de cultos fueron restauradas. Quienes vivieron en Uganda en aquel tiempo dicen que cada vez que la paz era restaurada, el cuerpo de Cristo volvía a despreocupar su vida de oración, y entonces otro juicio golpeaba la nación.

En 1986 tuvo lugar un período de paz más duradero. Las iglesias crecían numéricamente, y nuevos ministerios surgían en muchas localidades. Pero un invisible enemigo de promiscuidad sexual y enfermedad comenzaba a crecer en la nación. Para el principio de los años 90 la Organización Mundial de la Salud declaraba a Uganda como la nación más golpeada por el VIH/SIDA (un estimado del 34 al 36% de la población). Claramente, aunque había crecimiento numérico, la iglesia había fallado en instruir a sus miembros en la importancia del matrimonio y del discipulado de la familia.

El gobierno se acercó a los pastores cristianos para hacerles saber acerca de la pandemia del SIDA, y se reporta que a ellos les fue dicho: "Necesitamos que el Jesús de ustedes intervenga, de otra forma la nación se derrumba". El reporte indicaba que si las cosas continuaban como iban la economía entera se desintegraría y los únicos sobrevivientes serían los muy viejos y los muy jóvenes.

Al principio el estado de ánimo de los pastores era de desaliento, "¿Por qué siempre Uganda? ¿Qué hemos hecho en contra de Dios?" Pero en aquel momento un pastor joven se irguió y dijo: "Si damos la espalda a Dios, ¿qué esperanza tenemos? Él ha sido fiel en el pasado, y si en esta situación le buscamos, ¡Él será fiel nuevamente!" Dios usó aquellas palabras para reavivar la fe en los corazones de los pastores en la búsqueda de Dios.

Cómo buscar en Dios el camino hacia delante

Fue durante este tiempo de buscar a Dios en oración y ayuno que el Señor reveló la estrategia para llevar la nación de vuelta a su Reino. Implicaba movilizar a todos los llamados por el nombre del Señor y desafiarlos a vivir un estilo de vida entregado radicalmente a Jesucristo. Implicaba desafiar a individuos a levantarse en oración por la nación en sus vidas personales, en sus familias, en sus congregaciones locales, y entonces ir a la sociedad misma. El Señor les dijo que si se asociaban con él en instituir una "red de oración" a lo largo y ancho de la nación, él rescataría a la nación de esas aguas turbulentas.

Dios les instruyó que no desdeñaran sector alguno de su iglesia, pero que salieran y compartieran esa visión con todos los que clamaban a Jesús en la nación. El Señor les dijo que él tiene muchos que sirven a sus propósitos, aún en partes no esperadas de la iglesia, y que ellos iban a llegar a cada denominación y sector de su iglesia. Al principio no fue fácil reunir el Cuerpo de Cristo, ya que muchos continuaban enfocados en lo que ya estaban haciendo y había que combatir muchas divisiones que existían desde el pasado. Pero en su tiempo Dios les dio la gracia para llegar a los seguidores de Cristo en cada denominación para presentarles la visión que les uniría en oración por el bienestar de la nación.

Fruto a nivel nacional

Los testimonios que salieron de Uganda, luego de los esfuerzos realizados para unificar el cuerpo de Cristo y establecer un estilo de vida fortalecido por el Espíritu, son nada menos que extraordinarios. Individuos experimentaron el avivamiento de Dios en sus relaciones personales con Jesús. Entre las familias que buscaron establecer este estilo de vida en sus hogares, se reportaron muchos matrimonios restaurados, rescatados de un divorcio inminente. El amor entre esposos y esposas se profundizó como nunca lo habían experimentado antes. Las familias se dedicaron a la tarea de disciplinar a sus hijos en el hogar y buscar a Dios diariamente en su Palabra, adoración y oración. Eventualmente este estilo de vida de radical rendición a Cristo se esparció por todos los sectores vitales de la sociedad: los negocios, el sistema educacional y el gobierno.

Hoy está establecido que virtualmente cada negocio en la ciudad capital de Uganda, Kampala, mantiene una reunión corporativa de seguidores de Cristo quienes pro-activamente disciplinan su puesto de trabajo. Solamente en la radio tuvo lugar un dramático vuelco. Donde las transmisiones cristianas eran ilegales, la atmósfera espiritual ha cambiado, de tal manera que ya es popular escuchar música cristiana y la predicación del evangelio. Hoy, virtualmente todas las 140 estaciones de radio en la nación transmiten alguna forma de programación evangélica, a fin de mantener audiencia. Aún Al-Jazeera, la red de televisión islámica, transmite programas evangélicos los domingos por las mañanas porque saben que si no lo hacen así no tendrán audiencia para sus programas.

Asombrosamente, se ha llegado a reportar que el porcentaje de VIH/SIDA ha descendido del 34% al 36% hasta sólo el 6%. Uganda es la única nación africana que ha experimentado un vuelco tan dramático. Durante esta temporada de oración nacional, Dios le ha dado una estrategia en la cual la iglesia participa con el gobierno asistiendo a las escuelas para alentar a los estudiantes a vivir un estilo de vida de pureza sexual. La combinación de levantar el nivel de oración a través de toda la nación, y al mismo tiempo recibir de parte de Dios una estrategia práctica para la juventud de la nación, ha logrado que muchos jóvenes se propongan mantenerse puros hasta el matrimonio. Hubo también curaciones sobrenaturales entre aquellos que sufrían de SIDA. Sólo en una congregación se han documentado 70 casos de SIDA sanados por el poder de Jesucristo.

Años más tarde el Señor dirigió el Cuerpo de Cristo hacia una temporada de 14 días de arrepentimiento nacional por los pecados del pasado. Durante este tiempo la Primera Dama de la nación, Janet Munseveni, escuchó de lo que estaba sucediendo y rompió en lágrimas diciendo: "¡Esto es Dios! Cualquier cosa que pueda hacer para ayudar, yo estoy dispuesta". Entonces fue usada por el Señor para compartir aquello con el Presidente.

A la reunión nacional asistieron representantes del parlamento, los militares, la policía, oficiales eclesiásticos –todos en actitud de arrepentimiento por la forma en que habían actuado en contra de Dios. Entonces llegó el momento cuando el Presidente se presentó en la reunión. Allí escuchó cómo presidentes anteriores habían pactado, en nombre de la nación, con otros dioses. Aún antes que ellos terminaran de hablar, el Presidente se levantó de su asiento, se acercó al frente y entregó la bandera de la nación a los representantes del Cuerpo de Cristo. Entregar la bandera era como entregar el poder de la nación a la iglesia. En una reunión nacional posterior, el Presidente y la Primera Dama estuvieron presentes cuando la nación de Uganda pactó con el Señorío de Jesucristo por los próximos mil años.

Como puedes ver, nuestro Dios es más que capaz de discipular a las naciones, si simplemente encuentra personas deseosas de unirse a él en la tarea

¿Comenzarás a creer en Dios de una manera similar en tu nación?

Piensa en los obstáculos que Uganda enfrentó. Un dictador islámico cerrando edificios de iglesias y arrestando pastores, asesinando a cientos de miles de personas. Otros dictadores le sucedieron, un derramamiento de sangre tras otro, la economía disminuyendo, un sistema educacional fracasado, y ser declarada la nación más fuertemente golpeada por el VIH/SIDA. Hoy, Uganda es vista como modelo de la prevención de SIDA, aún en fuentes seculares, y posee una población cristiana de aproximadamente el 84%. Aunque Uganda no es una utopía terrenal, y no está libre de problemas, Dios ha demostrado que si su pueblo pone su esperanza en él, él es más que capaz para establecer su Reino en la tierra como lo es en el cielo.

El testimonio de Taiwán

Taiwán tenía una población predominantemente budista (35%), taoísta (33%), y sin religión (18%), con un muy pequeño porcentaje de cristianos (aproximadamente 2.6%). Alrededor de cuatro años atrás había sólo unas pocas congregaciones comprometidas a implementar este estilo de vida en sus vidas personales, y en sus familias. Mientras perseveraban en esto, comenzaron a aparecer dramáticos testimonios personales y familiares, mientras otras congregaciones comenzaban a involucrarse en esta visión.

Durante los años siguientes la obra se extendió a más de 1,000 congregaciones, a lo largo y ancho de toda la nación, las cuales comenzaron a preparar al pueblo para un estilo de vida radicalmente rendido a Jesús. Al llegar a este punto el mensaje llegó a impactar tanta gente que se comenzaron a tener reuniones regionales en los cuales la mayor parte del tiempo era dedicado a alentar un testimonio tras otro. Los pastores a través de toda la nación también comenzaron a reunirse una vez al mes durante dos días para ayunar, orar y alentarse en ver la visión expandida por todo el país. Hay muchas historias dramáticas de matrimonios restaurados, e hijos pródigos e hijas volviéndose a Jesús. Virtualmente cada persona tiene una historia que contar sobre un miembro no salvo de su familia, amigo, o conocido que ha venido a Cristo a causa del estilo de vida fortalecida por el Espíritu de aquellos a su alrededor.

Después que las familias comenzaron a experimentar el avivamiento, fueron desafiadas entonces a impactar la sociedad. El Cuerpo de Cristo comenzó a llevar este estilo de vida a los puestos de trabajo, el gobierno, y las escuelas. En un período de tiempo relativamente corto, comenzaron a verse reuniones regionales con cientos de profesionales del comercio que habían iniciado reuniones de adoración corporativas en sus lugares de trabajo y como resultado experimentaban dramáticos cambios. Muchas almas vinieron a Cristo, y la atmósfera espiritual comenzó a moverse en diferentes centros de trabajo. Una de las redes televisivas cristianas comenzó a transmitir las reuniones, de manera que los creyentes en el resto de la nación pudieran conocer lo que estaba aconteciendo. Lo que antes era considerado inaudito, era ahora una realidad delante de sus ojos.

Hoy entre 1,000 y 2,000 congregaciones trabajan unidas hacia la meta de ver decenas de miles instruidos en el estilo de vida fortalecida por el Espíritu a través de toda la nación. Debido a los cambios que este estilo de vida ya ha traído al cuerpo de Cristo, los ministros de la nación creen ahora que están en posición de buscar la unidad del 75% al 100% de las 4,000 congregaciones de la nación para una cosecha de un millón de almas. Ya, en solamente cuatro años, cientos de miles han venido a Cristo y el porcentaje de los seguidores de Cristo casi se ha duplicado de 2.6% al 5%, y continúa creciendo. A medida que el Cuerpo de Cristo toma en serio su responsabilidad de discipular a la nación en la voluntad y los patrones de Jesucristo, Dios se mueve a lo largo y ancho de la tierra en respuesta a sus oraciones. Esto comenzó en sus vidas personales cuando permitieron que Dios les enseñara lo que significa permanecer en un estilo de vida fortalecida por el Espíritu, y después se movió a sus familias, y después hacia afuera, al mundo alrededor de ellos.

Ya que Dios se está moviendo de esta manera en todas las naciones, ¿crees tú que él se mueve tan poderosamente en tu nación que Su destino redentor comienza ya a cumplirse ante tus propios ojos?

"Vosotros sois la luz del mundo; una ciudad asentada sobre un monte no se puede esconder. Ni se enciende una luz y se pone debajo de una vasija, sino sobre el candelero para que alumbre a todos los que están en casa". Mateo 5:14-15

Preguntas para discusión

1. Basado en Mateo 28:18-20, ¿cuál es la visión de Dios para las naciones? (Comparte esto con tus propias palabras.)
2. ¿Qué nivel de fe tiene Dios para llevar a efecto su visión para las naciones?
3. Comparte cualquier cosa que te haya alentado o que haya resultado inspiradora en los testimonios de las varias naciones (Mongolia, Indonesia, China, Uganda, Taiwán).
4. ¿Qué piensas tú que Dios quiere hacer en tu nación?
5. ¿Cómo te verías tú siendo parte de lo que Dios desea en tu nación?

Paso de acción

Escribe más abajo tu respuesta a la última pregunta para discusión acerca del corazón de Dios para tu nación, y tu papel en lo que él quiere hacer en ella. Coloca lo que has escrito en un lugar donde lo puedas ver regularmente, y a medida que el Espíritu de Dios te guíe, comienza a hacer de eso un blanco específico de tu oración.

_____

_____

_____

Enfoque de oración

Queremos unir nuestra fe con la fe de Dios para las naciones:

Padre, te doy gracias y te alabo porque no hay nada imposible para ti. Te doy gracias porque todas las naciones de la tierra son como gotas de agua en un balde comparadas contigo. Yo he elegido confiar a ti la nación en la cual me has puesto. He elegido creer que tú me usarás aquí para tu gloria. Muéstrame mi papel a desempeñar en tu mucha más grande visión de discipular esta nación. (Continúa orando según Dios te guíe.)

Capítulo 4: La lucha para establecer el Reino de Dios en la tierra

Sería una negligencia, de parte nuestra, describir de forma idílica el proceso para establecer un estilo de vida fortalecido por el Espíritu Santo en nuestras vidas personales, familias y esfera de influencia; y no mencionáramos la sangre, el sudor y las lágrimas que probablemente serán necesarias para que esto se haga realidad. En la mayoría de los casos, y porque estaremos entrando en territorio ocupado por el enemigo y buscando establecer el Reino de Cristo, habrá una feroz batalla.

Enfrentaremos una verdadera batalla espiritual cada vez que procuremos ver el Reino de Dios establecido en la tierra. La batalla será inevitable, ya sea que lo intentes en tu vida personal, en la vida de tu familia, o en tu esfera de influencia. Mientras más extenso sea el territorio que desees alcanzar, mayor será la lucha. La última cosa que Satanás y sus demonios desean es que vivas incondicionalmente para el Señor Jesucristo en un estilo de vida fortalecido por el Espíritu. Habrá una batalla muy real para hacerte retroceder y para que te conformes con un estilo de vida que está muy lejos de lo que Dios desea.

Una buena imagen de la batalla que tenemos que enfrentar nos la ofrece la entrada de Josué y los israelitas a la Tierra Prometida. Ellos alcanzaron grandes victorias, como la de la ciudad de Jericó. Pero esa victoria fue seguida por una bochornosa derrota que costó muchas vidas, debido a la imprudencia de Acán (Josué 7:5). Poco después los israelitas se vieron involucrados en un pacto, que no debieron haber hecho, con los gabaonitas; y eso por no haber acudido previamente a Dios para que les aconsejara (Josué 9:14- 16).

Cuando los israelitas avanzaron a través de la Tierra Prometida, dependiendo y confiando en la sabiduría de Dios, alcanzaron numerosas victorias. La conquista no sucedió de la noche a la mañana, pasaron años antes que pudieran tomar posesión de toda aquella tierra. De la misma manera, establecer un estilo de vida fortalecido por el Espíritu Santo en nuestras vidas como individuos, en nuestras familias, y nuestra esfera de influencia, no es una solución rápida, sino un medio que Dios nos concede para el progreso de su Reino en cualquier tierra. Aunque haya lucha, podemos confiar en que Dios nos dará la fortaleza y la perspicacia para alcanzar la victoria. Él es fiel. Si confiamos en él, no habrá arma alguna que pueda vencernos (Isaías 54:17).

Identifica al enemigo

¿Cuáles son los enemigos que tendríamos que enfrentar?

"Y él os dio vida a vosotros, que estabais muertos en vuestros delitos y pecados, en los cuales anduvisteis en otro tiempo según la corriente de este mundo, conforme al príncipe de la potestad del aire, el espíritu que ahora opera en los hijos de desobediencia, entre los cuales también todos nosotros en otro tiempo vivíamos en las pasiones de nuestra carne, satisfaciendo los deseos de la carne y de la mente, y éramos por naturaleza hijos de ira, lo mismo que los demás". Efesios 2:1- 3

En el capítulo 2 de Efesios, Pablo identifica tres obstáculos, o "campos de batalla", para el establecimiento del Reino de Cristo en la tierra:

- La carne (naturaleza pecaminosa)
- El proceder de este mundo (sistema del mundo)
- El príncipe del poder del aire (Satanás y sus demonios)

Las estratagemas del enemigo, que Pablo menciona aquí, son los tres principales obstáculos para el avance de la voluntad de Dios en la tierra. Si queremos superar esos obstáculos debemos identificar en que forma estamos atados a ellos y permitir que la persona del Espíritu Santo nos libere, a fin de poder ser una ayuda eficaz para la liberación de otros. Cualquiera de estas áreas que nos mantenga en esclavitud es un área en la que no tenemos autoridad para ayudar a otros a liberarse.

Cada campo de batalla podemos aplicarlo a nuestra vida personal, familias, esfera de influencia, y congregación local, así como a nuestra región. El Espíritu de Dios no sólo desea revelarnos cualquier cosa que nos mantenga esclavizados, sino que también espera que confiemos en él para vencer estos poderes de las tinieblas.

"El que tiene oído, oiga lo que el Espíritu dice a las iglesias. Al vencedor le daré a comer del árbol de la vida, que está en el paraíso de Dios". Apocalipsis 2:7

"El que tiene oído, oiga lo que el Espíritu dice a las iglesias. El vencedor no sufrirá daño de la muerte segunda". Apocalipsis 2:11

Superar estos obstáculos no es opcional, es imprescindible. El Espíritu de Dios espera que confiemos en él para vencer cada uno de los impedimentos a tal grado, que no sólo seamos liberados sino también capacitados para rechazar las fuerzas espirituales en el plano celestial, y llevemos de vuelta el Reino de Cristo al sistema del mundo para impactarlo para la gloria de Dios.

Obstáculos para el establecimiento del Reino de Dios en la tierra

Campo de batalla # 1: La carne/naturaleza pecaminosa/naturaleza humana

El ritmo cardíaco de nuestra naturaleza humana es la doble raíz del "orgullo" y la "incredulidad". Es el orgullo arraigado a nuestro entendimiento y actitudes, junto a la falta de fe en la comprensión y los caminos de Dios. La Biblia nos enseña que debemos morir a nuestra naturaleza pecaminosa para que podamos vivir la nueva vida en Jesucristo.

"Porque si vivís conforme a la carne, habréis de morir; pero si por el Espíritu hacéis morir las obras de la carne, viviréis". Romanos 8:13

La Palabra de Dios no nos da opción. Aprendemos lo que significa para el Espíritu morir a la carne, o de lo contrario moriremos. Felizmente para nosotros, Dios nos ha dado la solución perfecta para nuestra naturaleza pecaminosa. Todo creyente nacido de nuevo en Jesucristo ha recibido el Espíritu de Dios, quien llega con una naturaleza completamente nueva que anhela agradar a Dios. La naturaleza del Espíritu Santo es una naturaleza de humildad que arranca y elimina el orgullo de nuestra vieja naturaleza pecaminosa. Y el Espíritu Santo tiene una fe en Dios como la fe de un niño. Una fe que erradica la incredulidad que teníamos en nuestros corazones hacia Dios. De esta forma, la vida en Cristo vence la naturaleza humana.

"Sabiendo esto, que nuestro viejo hombre fue crucificado con él, para que nuestro cuerpo de pecado fuera destruido, a fin de que ya no seamos esclavos del pecado; porque el que ha muerto ha sido liberado del pecado. Y si hemos muerto con Cristo, creemos que también viviremos con él". Romanos 6:6-8

Campo de batalla # 2: El sistema/"Proceder de este mundo"

"Y vosotros estabais muertos en vuestros delitos y pecados, en los cuales anduvisteis en otro tiempo, según la corriente de este mundo". Efesios 2:1- 2

Existe una "manera de proceder", o sistema de relaciones y creencias humanas, dondequiera que nos encontremos. Este sistema está representado por nuestra esfera de influencia. Si nos encontramos en una comunidad de seguidores de Cristo, que ha sido equipada con una visión del mundo desde la perspectiva bíblica, entonces estas relaciones y creencias nos permitirán vislumbrar el establecimiento del Reino de Dios. Pero si nos encontramos en un ambiente repleto de relaciones y creencias contrarias al Reino de Cristo, entonces ese sistema puede ser un fuerte obstáculo para nuestra obediencia a Dios. El Espíritu de Dios nos ha dado una responsabilidad en el proceso de llegar a ver la cultura del Reino de Jesucristo establecida en el sistema de vida que nos rodea.

En cada nación hay una cultura, o forma de vida, que hace que las personas de esa nación vivan y actúen con ciertas costumbres o actitudes. Ese proceder es evidente en las siguientes instituciones de la sociedad:

- **Familia**
- **Mercado/Negocios**
- **Sistema de creencias** (Educación, medios de comunicación, arte)
- **Gobierno**
- **Sistema de adoración/Sacerdocio (Santo – Profano)**

Si queremos alcanzar la meta de discipular nuestra nación, debemos pedir al Espíritu de Dios que nos muestre como lograr que las "normas" de estas instituciones se muevan del reino de las tinieblas hacia la voluntad y los caminos de Dios. Nosotros tenemos que enarbolar la forma de vida que Jesús nos enseñó, para que ésta comience a remover los elementos de las tinieblas en nuestra actual forma de vida, reemplazándolos con Sus normas de vida.

Campo de batalla # 3: Fuerzas espirituales de tinieblas

"Porque nuestra lucha no es contra sangre y carne, sino contra principados, contra potestades, contra los poderes de este mundo de tinieblas, contra las huestes espirituales de maldad en las regiones celestes". Efesios 6:12

Como seguidores de Jesucristo, estamos conscientes de que hay un enemigo real que se opone a nosotros. Es nuestro privilegio, y a la vez nuestra responsabilidad, adoptar una actitud firme contra Satanás y sus demonios. Estas fuerzas espirituales de maldad están influyendo sobre las normas del sistema a nuestro alrededor (Efesios 2:2). Están incitando a nuestra carne para que reaccione contra esas normas. Están trabajando sin descanso para que nos desesperemos y les demos motivos para robarnos, matarnos y destruirnos (Juan 10:10). Pedro describe esas fuerzas de maldad como "un león rugiente buscando a alguien para devorarlo".

"Humillaos, pues, bajo la poderosa mano de Dios, para que él os exalte a su debido tiempo, echando toda vuestra ansiedad sobre él, porque él tiene cuidado de vosotros. Sed de espíritu sobrio, estad alerta. Vuestro adversario, el Diablo, anda al acecho como león rugiente, buscando a quien devorar. Pero resistidle firmes en la fe, sabiendo que las mismas experiencias de sufrimiento se van cumpliendo en vuestros hermanos en todo el mundo". 1 Pedro 5:6-9

Bien que podemos ver la manifestación de diferentes fuerzas espirituales en nuestras ciudades. Hay algunos lugares donde es más que evidente que la gente del área se ha entregado al espíritu de la lujuria. El proceso se inicia a través de anuncios atractivos y tiendas que motivan a la gente a que compre lo último y más sofisticado del mercado, incitándoles a perseguir placeres temporales. Está claro también, que en otras partes la falsa religiosidad está en control de la zona. Las personas que viven allí tal vez no tengan la misma tentación de entregarse a la lujuria, pero sus mentes están cegadas por un espíritu que aparenta ser muy religioso, e impide una total entrega de sus vidas a Jesucristo.

"Y si todavía nuestro evangelio está velado, para los que se pierden está velado, en los cuales el dios de este mundo ha cegado el entendimiento de los incrédulos, para que no vean el resplandor del evangelio de la gloria de Cristo, que es la imagen de Dios".
2 Corintios 4:3-4

Las tinieblas pueden ser rechazadas

Cada vez que una persona comienza a rendir su vida a Jesucristo y a confiar en Su Espíritu, hay una porción de territorio que es recuperado para el Reino de Dios. Un corazón más es parte del Reino de Cristo. Si una familia decide rendirse a Jesucristo y confiar en él, las tinieblas son rechazadas y el Reino de Dios comienza a encontrar lugar en ese hogar. Cuando una congregación local, en cualquier lugar, se entrega incondicionalmente a Jesús y confía en su Espíritu, ellos están comenzando a desprenderse de las garras de las tinieblas sobre el territorio. Cuando los miembros del Cuerpo de Cristo viven de esta forma, cuando se unen cruzando líneas denominacionales, y cuando oran sobre propósitos específicos a nivel regional, hay una gran autoridad en el plano espiritual para lograr que las tinieblas sean rechazadas y el Reino de Jesucristo avance.

¡Quiera el Señor que seamos fieles a la responsabilidad que nos ha encomendado, para liberar a nuestra región de las fuerzas de las tinieblas! Que nos humillemos bajo la poderosa mano de Dios. Que nos hagamos el propósito de apartarnos de cualquier sendero equivocado, o compromiso con el reino de las tinieblas, que todavía quede en nosotros. De esta forma estaremos destruyendo cualquier justificación del enemigo para mantenernos esclavos. Cuando ese arrepentimiento sea genuino en cada área de nuestras vidas, tendremos la fuerza para resistir con firmeza al diablo y para rechazarlo con el poder que nos concede el Señor Jesucristo. Entonces, libres de toda atadura a las fuerzas de maldad, estaremos listos para ayudar a nuestras familias y a los de nuestra esfera de influencia para que logren la liberación. ¡Alabado sea Dios!

"Por tanto, someteos a Dios. Resistid, pues, al Diablo y huirá de vosotros". Santiago 4:7

El valor de la sangre de los mártires

"Y Esteban, lleno de gracia y de poder, hacía grandes prodigios y señales entre el pueblo. Pero se levantaron algunos de la sinagoga llamada de los Libertos, incluyendo tanto cireneos como alejandrinos, y algunos de Cilicia y de Asia, y discutían con Esteban... Y echándolo fuera de la ciudad, comenzaron a apedrearle; y los testigos pusieron sus mantos a los pies de un joven llamado Saulo. Y mientras apedreaban a Esteban, él invocaba al Señor y decía: "Señor Jesús, recibe mi espíritu". Y cayendo de rodillas, clamó en alta voz: "Señor, no les tomes en cuenta este pecado". Habiendo dicho esto, durmió". Hechos 6:8-9, 7:58-60

Habrá momentos en esta vida terrenal, cuando nuestra postura en favor del Reino de Jesucristo no parezca ser victoriosa contra nuestros enemigos. Tal vez haya ocasiones cuando veamos grandes victorias, como la de Esteban realizando maravillas y señales bajo el poder de Dios, y poco después fue apedreado hasta su muerte, por su fe en Jesucristo. En tiempos como éstos, cuando el discipulado de las naciones parece distante, y las presiones constantes de nuestros enemigos gritan alrededor nuestro, es bueno recordar que Dios lo ve todo y puede transformar todas esas cosas para su bien y para cumplir sus gloriosos propósitos (Romanos 8:28).

"Cuando abrió el quinto sello, vi bajo el altar las almas de los que habían sido muertos por causa de la palabra de Dios y por el testimonio que tenían, y clamaban a gran voz, diciendo: ¿Hasta cuándo, Señor santo y verdadero, no juzgas y vengas nuestra sangre en los que moran en la tierra?" Y se les dieron vestiduras blancas, y se les dijo que descansasen todavía un poco de tiempo, hasta que se completara el número de sus consiervos y sus hermanos, que también habían de ser muertos como ellos. Apocalipsis 6:9-11.

Se dice que hoy día estamos viendo más mártires que en cualquier otro momento de la historia de la Iglesia. La sangre de los mártires ha sido, muchas veces, la semilla que ha hecho avanzar el Reino de Jesucristo. Los santos del Antiguo Testamento y la iglesia primitiva entendieron esto con claridad, y voluntariamente ofrendaron sus vidas para adelantar la venida del Reino de Dios. Se sacrificaron, aún cuando no estaban seguros de poder ver el fruto de su dedicación durante sus vidas terrenales.

Nuestra esperanza definitiva no es de este mundo

"Sino haceos tesoros en el cielo, donde ni la polilla ni el orín corrompen, y donde ladrones no minan ni hurtan. Porque donde esté vuestro tesoro, allí estará también vuestro corazón". Mateo 6:20-21

"¿Y qué más digo? Porque el tiempo me faltaría contando de Gedeón, de Barack, de Sansón, de Jefté, de David, y así como de Samuel y de los profetas; que por fe conquistaron reinos, hicieron justicia, alcanzaron promesas, taparon bocas de leones, apagaron fuegos impetuosos, evitaron fila de espada, sacaron fuerzas de debilidad, se hicieron fuertes en batallas, pusieron en fuga ejércitos extranjeros. Las mujeres recibieron sus muertos mediante resurrección; mas otros fueron atormentados, no aceptando el rescate, a fin de obtener, mejor resurrección. Otros experimentaron vituperios y azotes, y a mas de esto prisiones y cárceles. Fueron apedreados, aserrados, puestos a prueba, muertos a filo de espada; anduvieron de acá para allá cubiertos de pieles de ovejas y de cabras, pobres, angustiados, maltratados; de los cuales el mundo no era digno; errando por los desiertos, por los montes, por las cuevas y por las cavernas de la tierra. Y todos éstos, aunque alcanzaron buen

testimonio mediante la fe, no recibieron lo prometido; proveyendo Dios alguna cosa mejor para nosotros, para que no fuesen ellos perfeccionados aparte de nosotros". Hebreos 11:32-40

Hebreos 11 nos ofrece un contraste interesante de héroes de la fe. En los versos 32-35 oímos de aquellos que vieron el obrar de Dios en una forma extraordinaria, a través de ellos, como en los casos de Gedeón, David y Samuel. Luego, en los versos 36-40, leemos acerca de otros que experimentaron lo que parecían derrotas, en el plano natural, pero terminaron recibiendo recompensas eternas. Estos versos deberían hacernos entender que no podemos juzgar con patrones humanos los medios que Dios utiliza para adelantar su Reino a través de nuestras vidas. Por eso debemos buscar primero el Reino de Dios y Su justicia, y dejar los resultados del reino físico en Sus manos.

"Si en esta vida solamente esperamos en Cristo, somos los más dignos de conmiseración de todos los hombres". 1 de Corintios 15:19

"¿Son ministros de Cristo? (Como si estuviera loco hablo). Yo más; en trabajos más abundante; en azotes sin número; en cárceles más; en peligros de muerte muchas veces. De los judíos cinco veces he recibido cuarenta azotes menos uno. Tres veces he sido azotado con varas; una vez apedreado; tres veces he padecido naufragio; una noche y un día he estado como náufrago en el mar; en caminos muchas veces; en peligros de ríos, peligros de ladrones, peligros de los de mi nación, peligros de los gentiles, peligros en la ciudad, peligros en el desierto, peligros en el mar, peligro entre falsos hermanos; en trabajo y fatiga, y en muchos desvelos, en hambre y sed, en muchos ayunos, en frío y en desnudez".
2 de Corintios 11:23-27

Aunque Dios nos ha colocado en tiempos como éstos para ver su voluntad establecida en la tierra, así como lo es en el cielo, esta vida terrenal no es nuestra esperanza definitiva. Tenemos una esperanza eterna que trasciende cualquier seguridad que la tierra nos pueda ofrecer. Es esta esperanza celestial la que nos da coraje para llevar el Evangelio de Cristo fuera de Jerusalén, Judea, Samaria y hasta lo último de la tierra. Sabemos que si aún fuésemos muertos en el proceso de proclamar el Evangelio de Dios, no moriremos ciertamente, sino que viviremos con Dios por siempre. Hay una continuidad de esta vida a la otra, por lo tanto, como declaró Pablo, aunque él prefería abandonar esta vida terrenal para estar con Cristo, permanecía vivo para continuar siendo de beneficio para la obra del pueblo de Dios.

"Porque para mí el vivir es Cristo, y el morir es ganancia. Mas si el vivir en la carne resulta para mí en beneficio de la obra, no sé entonces qué escoger. Porque de ambas cosas estoy puesto en estrecho, teniendo deseo de partir y estar con Cristo, lo cual es muchísimo mejor". Filipenses 1:21-24

Deberíamos tener una actitud similar, reconociendo que sería para nosotros mucho mejor morir, pero para beneficio de otros estamos aquí para promover la gloria de Jesucristo en la tierra. Al pensar de esta manera, estamos preparados para usar hasta el último aliento de vida que nos quede para los propósitos eternos de Cristo, no importa el precio que tengamos que pagar.

Derrotando las tinieblas y adelantando el Reino de Cristo

Podemos ver, al estudiar este capítulo, que nuestra tarea no es fácil. De hecho, es humanamente imposible volvernos libres por nosotros mismos, o ver a nuestras familias, a nuestras esferas de influencia, o a nuestra nación, andar en los caminos de Jesucristo. Dios no nos ha dicho que tenemos que entender a las fuerzas de las tinieblas y vencerlas con nuestros propios medios. Al contrario, Dios ha dicho que las derrotará por nosotros cuando estemos entregados completamente a él. El Señor ha declarado que peleará en nuestro favor tan pronto nos dejemos usar por el Espíritu Santo.

Mientras nos preparamos para enfrentar las muchas batallas que vendrán contra nosotros, es necesario que examinemos una vez más la importancia vital de aprender lo que significa permanecer en un estilo de vida fortalecido por el Espíritu Santo, de manera que nos podamos mantener firmes contra todas las asechanzas del enemigo.

"Por lo demás, hermanos míos, fortaleceos en el Señor, y en el poder de su fuerza. Vestíos de toda la armadura de Dios, para que podáis estar firmes contra todas las asechanzas del diablo". Efesios 6:10-11

Que podamos tomar la decisión hoy de pedir al Espíritu de Dios que nos haga libres de todos estos impedimentos, de manera que podamos ser instrumentos efectivos en Sus manos, y así llevar Su Reino eterno a otros. En la medida en que dejemos que el Espíritu de Dios tenga más y más posesión de nosotros, estaremos listos para enfrentar cualquier reto que se nos presente.

"Porque Dios, que mandó que de las tinieblas resplandeciese la luz, es el que resplandeció en nuestros corazones, para iluminación del conocimiento de la gloria de Dios en la faz de Jesucristo. Pero tenemos este tesoro en vasos de barro, para que la excelencia del poder sea de Dios, y no de nosotros". 2 Corintios 4:6-7

Preguntas para discusión

1. ¿En qué forma has notado que tu carne (tu orgullo e incredulidad) ha tratado de evitar que vivas una vida consagrada de todo corazón a Dios? ¿En qué forma sientes que Dios te ha ayudado a lidiar con esto?
2. Piensa acerca de tus relaciones y creencias en tu familia, lugar de trabajo, escuelas, medios de comunicaciones, iglesia. ¿Cómo crees que el sistema de creencias a tu alrededor está impidiendo que vivas incondicionalmente dedicado a Dios? ¿Cómo piensas que Dios quiere que trabajes en eso?
3. ¿Cómo has experimentado que las fuerzas espirituales de las tinieblas han tratado de impedir que vivas una vida para Dios? ¿En qué forma Dios te ha ayudado en este problema?
4. ¿Crees que el Espíritu de Dios puede liberarte de todos esos impedimentos? ¿Por qué o por qué no? Explícalo/Discute sobre ello.

Pasos de acción

- Toma tiempo para pedirle al Espíritu Santo que identifique de qué manera estos impedimentos todavía ejercen control en tu vida. Escribe cualquier cosa que él te revele.

Naturaleza pecaminosa/Naturaleza humana

_____

_____

El sistema/"Modo de vida"

_____

_____

Fuerzas Espirituales

_____

_____

Toma estas revelaciones de parte del Espíritu de Dios como motivos de oración específicos, urgentes, delante de Dios. Busca el rostro de Dios hasta que las garras del pecado, sistema de creencias, y el enemigo hayan sido echadas fuera de tu vida y te sientas libre para adoptar los propósitos que Jesucristo tiene para ti. Si tienes dificultad en romper estos impedimentos por ti mismo invita a otros seguidores de Cristo, maduros en la fe, para que te ayuden en oración hasta alcanzar la victoria.

- Pídele al Espíritu de Dios que te revele en qué forma él quiere que seas partícipe orando por aquellas zonas de oscuridad que estén atacando a tu familia, esferas de influencia, la congregación local y la región donde vives.

Enfoque de oración

Queremos enfocar nuestras oraciones humillándonos bajo la poderosa mano de Dios y resistir a Satanás hasta que huya de nosotros.

Señor Jesús, venimos con fe ante ti. Reconocemos que tú estás muy por encima de todo enemigo que quiera interferir tus propósitos en nuestras vidas y a través de ellas. Nos humillamos ante ti y reconocemos que esta batalla es tuya. Confiamos en que pelearás a favor nuestro y nos darás sabiduría para enfrentar la lucha diaria que tiene lugar a nuestro alrededor. Protégenos, sé tú nuestro sostén, pelea por nosotros. Echa fuera cualquier forma de tinieblas que pueda venir en contra nuestra, a fin de poder ser efectivos en el cumplimiento de los propósitos de tu Reino. (Continúa/ continúen orando sobre este asunto según el Espíritu dirija)

Capítulo 5: El corazón de una vida fortalecida por el Espíritu Santo - Parte 1

Dos aspectos de la permanencia en Cristo

Anteriormente pudimos leer hermosos testimonios de algunas naciones (Por ejemplo: China, Uganda, Indonesia). Yo comparo esos testimonios con la ilustración que habla de un campesino que comparte con otros campesinos acerca de la tremenda cosecha que ha obtenido. Si ese campesino se concentra en hablar con entusiasmo de su gran cosecha, pero olvida decir como preparó cuidadosamente el terreno, qué tipo de semilla usó, dónde compró la semilla, cómo cuidó de las plantas, cómo se las arregló para regar la tierra, de que forma recogió tan grande cosecha, y cómo la distribuyó, entonces toda su historia tendrá poco valor, o ninguno. Los que han estado escuchando se conformarán, de seguro, con cosechas similares a las obtenidas por ellos antes de escuchar el entusiasmado testimonio.

Es de gran ayuda escuchar acerca de grandes cosechas, y aprender acerca de algunas de las grandes batallas que tendremos que enfrentar; pero en este punto me gustaría comentar acerca de algunos líderes espirituales que Dios utilizó para guiar al Cuerpo de Cristo a implementar lo que produjo una abundante cosecha.

"Maestro, ¿cuál es el gran mandamiento en la ley? Jesús le dijo: AMARÁS AL SEÑOR TU DIOS CON TODO TU CORAZON, Y CON TODA TU ALMA, Y CON TODA TU MENTE. Este es el primero y grande mandamiento. Y el segundo es semejante: AMARÁS A TU PRÓJIMO COMO A TI MISMO. De estos dos mandamientos dependen la ley y los profetas". Mateo 22:36-40

Como quiera que la razón primaria de haber sido creados es la de vivir en una íntima relación de amor con Dios y con otros, se impone la pregunta: ¿Cómo podemos permanecer en esta realidad?

Una característica de nuestra naturaleza pecaminosa es la doble raíz de orgullo e incredulidad, que hace que sea humanamente imposible el amar a Dios y al prójimo. Por ello, para lograr la liberación de nuestra naturaleza pecaminosa, debemos dejar que el Espíritu de Dios nos lleve a un estilo de vida de rendición y confianza absolutas en él. Al vivir en este tipo de relación con Dios, se rompe el poder del pecado en nuestras vidas y somos libres para vivir en plena comunión con él y con otros. Estos dos aspectos de un estilo de vida de permanencia en Cristo son reales, no importa la nación a la que pertenecemos, el idioma que hablamos o la cultura de la cual venimos.

Dos aspectos de la permanencia en el Espíritu de Dios

#1 - Un corazón completamente rendido

Una oración que es útil recordar para permanecer en esta posición es:

"Padre, todo lo que soy y todo lo que tengo es tuyo".

"Porque todo el que quiera salvar su vida, la perderá; y todo el que pierda su vida por causa de mí, la hallará". Mateo 16:25

"Entonces Ben-adad rey de Siria juntó a todo su ejército, y con él a treinta y dos reyes, con caballos y carros; y subió a Samaria, y la combatió. Y envió mensajeros a la ciudad a Acab rey de Israel, diciendo: Así ha dicho Ben-adad: Tu plata y tu oro son míos, y tus mujeres y tus hijos hermosos son míos. Y el rey de Israel respondió y dijo: Como tú dices, rey señor mío, yo soy tuyo, y todo lo que tengo". 1 de Reyes 20:1-4.

Este pasaje bíblico nos habla de un rey, Ben-adad, que viene a poseer un territorio, y demanda de otro rey, Acab, una completa rendición. Acab responde a la petición diciendo: "Yo soy tuyo, y todo lo que tengo". De forma similar Jesús, el Rey de reyes, se está ofreciendo para entrar en nuestras vidas y tomar control de ellas, pero está esperando una rendición total de cada área de nuestras vidas.

Esta rendición total es una actitud del corazón, en la cual lo entregamos todo al Señor Jesucristo: "Rey Jesús, yo soy tuyo y todo lo que tengo". En este estado de completa rendición cada elemento de nuestras vidas es entregado de forma absoluta a él. Ya no nos aferramos a nuestro pasado, presente o futuro. Hemos rendido nuestra vida plenamente, y no intentamos más vivir la vida cristiana por nuestros propios esfuerzos. Hemos rendido nuestra familia, nuestros amigos, nuestra condición social y ministerial, nuestros medios para ganar el sustento, nuestras posesiones materiales, aún la condición física de nuestros cuerpos la rendimos a él sin condiciones. Todo lo que hubiéramos deseado retener lo entregamos a Su cuidado.

Este nivel de entrega absoluta es esencial si queremos ser usados como vasijas para Su gloria. Cualquier área de nuestras vidas que no es rendida completamente a él es un área en la cual no tenemos autoridad, un área donde aún permanecemos en esclavitud. Si realmente queremos entrar a la plenitud de una vida en Cristo, es aquí donde debemos comenzar.

"Con Cristo estoy juntamente crucificado , y ya no vivo yo, mas vive Cristo en mí; y lo que ahora vivo en la carne, lo vivo en la fe del Hijo de Dios , el cual me amó y se entregó a sí mismo por mí". Gálatas 2:20

Pablo escribió que, después de conocer a Jesús no vivimos más nuestras nuestras propias vidas. Pablo afirmó que la vida que es vivida a través de nosotros es una vida de fe en el Espíritu de Dios. Eso nos habla de una vida radical, sobrenatural, diametralmente opuesta al Cristianismo comúnmente practicado y aceptado en muchas partes del mundo.

Podemos asentir intelectualmente al hecho de que nuestras vidas no son ya más nuestras y que Jesús es el Señor de nuestras vidas. Pero no se trata de entender con nuestra mente lo que es una vida rendida a Dios, se trata de experimentarlo. Por eso debemos comenzar a buscar al Espíritu Santo para que nos ayude a vivir, literalmente hablando, muertos a nosotros mismos. Dios quiere que vivamos en la realidad de la verdad y no meramente con el conocimiento intelectual de ella.

"Porque el amor de Cristo nos constriñe, pensando esto: que si uno murió por todos, luego todos murieron; y por todos murió, para que los que viven, ya no vivan para sí, sino para aquel que murió y resucitó por ellos". 2 Corintios 5:14-15

Esta es una verdadera crucifixión de cada deseo que teníamos antes de aceptar una vida bajo el Señorío de Jesús. Esta es una verdadera entrega de todas nuestras maneras de manejar la vida, y una entrega a Jesús como el Nuevo Dueño de nuestras vidas. A medida que vamos profundizando en la realidad de que somos siervos de Cristo, comenzamos a experimentar lo que Pablo menciona en su carta a los Gálatas: "Es Cristo quien vive en mi". Comenzamos a experimentar la realidad de lo que significa tener, literalmente, al Dios del Universo viviendo Su Vida en nosotros y a través de nosotros.

No una decisión una vez en la vida, sino una jornada de toda la vida

"Y, ¿por qué nosotros peligramos a toda hora? Os aseguro, hermanos, por la gloria que de vosotros tengo en nuestro Señor Jesucristo, que cada día estoy en peligro de muerte". 1 Corintios 15:30-31

Una de los errores más comunes, en el que caen muchos cristianos sinceros, es el de considerar que esta decisión de rendir la totalidad de nuestra vida a Dios es una decisión de una vez en la vida, una decisión que hacemos al iniciar nuestro peregrinaje con él. Sí, es cierto que hay un momento definitivo cuando hacemos esta decisión por primera vez, pero ésta rendición debe ser una realidad cada día y cada momento de nuestras vidas.

Un ejemplo de esto, en el plano físico, lo podemos ver cuando un hombre hace una decisión clara y pública de entrar en un pacto con su esposa para toda la vida. Mientras que esta decisión implica que ahora está casado, hay mucho más en esa entrega que una ceremonia nupcial. A través de su vida matrimonial él debe profundizar en la comprensión de lo que significa amar y cuidar de su esposa, desde el momento de esa decisión pública hasta que ambos partan de esta tierra. Y así como un matrimonio es mucho más que una ceremonia de bodas, así también lo es nuestro pacto de unión a Cristo. Cada día tenemos la oportunidad de aprender lo que significa vivir en comunión íntima y rendición absoluta al Dios Todopoderoso.

Como seres humanos finitos, buscando aprender a caminar con el Dios infinito, es inevitable que cometamos algunos errores en este peregrinaje. Por ello, es recomendable examinar constantemente la posición de nuestros corazones para verificar si nos hemos apartado de la posición de una vida rendida al Señorío de Jesucristo. Si no estamos alcanzando victoria en algún área de nuestra relación con Dios, entonces debemos detenernos y ver en que estamos fallando en nuestro compromiso de total rendición a Cristo.

Testimonio personal

Antes de que cada día comience, procuro orar con una total rendición de mi voluntad, mi mente, mi hablar, mi vista, y cualquier cosa que pueda escuchar ese día. Le entrego mi cuerpo al Señor para que lo use como desee hacerlo. También rindo a él cualquier relación humana que él me haya permitido tener. Busco entregar a Dios todo lo que soy y todo lo que pueda ser durante ese día. Le pido que me llene completamente, de manera que pueda vivir Su Vida en mí y a través de mí para Su gloria. Aunque esta es una sencilla interacción con Dios, su práctica me ha fortalecido por medio de la obra de su Espíritu.

Como quiera que ambas partes en este proceso de permanecer en Jesucristo son importantes, vamos a hacer una pausa a mitad del estudio de este capítulo, para reflexionar en lo que hemos leído acerca de los requisitos de Dios para nuestra total rendición a él.

Preguntas para discusión

1. ¿Hay algún área (o áreas) de tu vida que todavía no está rendida totalmente a Dios? Permite que Su Espíritu te revele que área de tu corazón no se ha rendido aún.
    - Tu pasado
    - Tu presente
    - Tu futuro
    - Matrimonio/ Relaciones familiares
    - Amigos
    - Trabajo/ Ministerio
    - Tu *status*/ Condición ante los ojos humanos
    - Heridas/ Asuntos pendientes de perdón
    - Finanzas/Provisión/Posesiones materiales
    - Cuerpo físico/Salud
    - Hábitos pecaminosos (Ira, orgullo, lujuria, avaricia, celos, apetito/gula, vagancia)
2. ¿Cómo tendría que lidiar Dios con esas áreas de tu vida que no se han rendido a él?

Pasos de acción

Pide al Espíritu Santo que te conceda sabiduría para saber cómo él desea establecer una nueva forma de vida en ti, en la cual le permitas, regularmente/diariamente, escudriñar tu corazón para identificar aquello que está impidiendo vivir en total rendición a él.

(Escribe aquí cualquier cosa que él identifique como un área que aún necesitas render.)

_____

_____

_____

Hasta que esto llegue a ser un patrón en tu vida diaria, considera colocar lo que has escrito anteriormente en un lugar visible. Así podrás verlo con frecuencia y orar diariamente por ello. A su tiempo, Dios puede enseñarte a vivir examinando frecuentemente tu corazón para verificar si te has apartado de la total rendición a Cristo Jesús.

Enfoque de oración

Ora hasta sentir el deseo de rendirte completamente a Dios. Permite que él te muestre cualquier área de tu vida que no hayas rendido aún, y esté dedicada a placeres temporales, en vez de usarla para los propósitos eternos de Dios.

Padre, te doy gracias por mostrarme la necesidad de vivir totalmente rendido(a) a tu Santo Espíritu. Reconozco que apartado(a) de ti nada puedo hacer, pero en ti todo es posible. Te pido que me reveles las razones por las cuales no he rendido totalmente mi corazón y mi vida a ti. Concédeme tu misericordia para que me reveles cualquier asunto que esté reteniendo y por qué no estoy viviendo dedicado(a) a tus propósitos divinos. Enséñame a vivir cada momento en una práctica constante de una vida rendida completamente a ti. (Ora todo el tiempo que necesites hasta que te rindas, sin reservas, a Dios)

#2 - Un corazón lleno de absoluta confianza

Esta es una oración que nos ayuda a recordar cómo mantenernos firmes:

"Padre, confiaré en Ti en todo momento"

"Es, pues, la fe la certeza de lo que se espera, la convicción de lo que no se ve". Hebreos 11:1

No sólo somos llamados a rendirlo todo a Dios, somos llamados a confiar en Su Ncarácter, Su voluntad y Sus caminos. Un estilo de vida de fe vive con la seguridad de que las cosas que Dios ha prometido, tanto presentes como futuras, se cumplirán. El capítulo 11 de Hebreos nos deja saber que muchas de las cosas por las que confiamos en Dios, son cosas que no se ven en el plano físico al tiempo que ejercitamos nuestra fe. Una vida de absoluta confianza es vivida con la seguridad en un Ser mucho más grande que las realidades físicas que están delante de nuestros ojos.

Si rendimos todas las cosas a Dios, pero fallamos en confiar en su fidelidad, nuestra rendición a él no durará mucho, y cuando las cosas no estén resultando como deseábamos, trataremos de tomar control de todo otra vez. Vemos pues que la rendición y la confianza son dos aspectos inseparables en un estilo de vida de permanencia en Cristo. No nos rendimos verdaderamente a Dios si no confiamos en él. Si confiamos en él iremos rindiendo, cada vez más, nuestras vidas.

Esta confianza en Dios es lo opuesto a nuestra naturaleza pecaminosa, que vive en incredulidad en lo que respecta a la fidelidad de Dios. Podemos ver como Satanás indujo a Eva a pecar, convenciéndola de manera sutil de que el carácter de Dios no era confiable. Al principio Eva trató de enfrentar esas mentiras con la verdad pero, eventualmente, dudó del carácter de Dios y desobedeció Sus específicas instrucciones.

"Y la mujer respondió a la serpiente: Del fruto de los árboles del huerto podemos comer; pero del fruto del árbol que está en medio del huerto dijo Dios: no comeréis de él, ni le tocaréis, para que no muráis. Entonces la serpiente dijo a la mujer: No moriréis; sino que sabe Dios que el día que comáis de él, serán abiertos vuestros ojos, y seréis como Dios, sabiendo el bien y el mal. Y vio la mujer que el árbol era bueno para comer, y que era agradable a los ojos, y árbol codiciable para alcanzar la sabiduría ; y tomó de su fruto , y comió; y dio también a su marido , el cual comió así como ella".
Génesis 3:2-6

El engaño de Satanás incitó a Eva a pensar que Dios era infiel y, desde ese momento en adelante, la humanidad ha tenido que luchar constantemente con esa naturaleza dentro de nosotros, que nos hace dudar de Dios y nos lleva a confiar en nosotros mismos.

La fe está basada en la Verdad de Dios y no en nuestras emociones

Si pensamos que la fe está basada en emociones nuestra "fe" fluctuará todos los días, porque nuestras emociones no son estables, sino que cambian de un momento a otro. En un mismo día podemos tener emociones de excitación así como emociones de profundo temor y ansiedad. Si confiamos en nuestras emociones, para que sean nuestra guía, estaremos en un viaje difícil e innecesario en una montaña rusa.

Dios no quiere que basemos nuestra fe en las emociones. No tenemos que "sentir" como confiar en Dios para confiar en él. La fe es una decisión que está fundamentada en el carácter de Dios y en la inmutable verdad de Su Palabra. La fidelidad de Dios es nuestra certidumbre. No importa cómo nos sintamos, siempre podemos escoger confiar en él. Él es el amor perfecto, todo poder, y está siempre listo a cuidar del más mínimo detalle de nuestras vidas, mucho más de lo que podemos entender.

Dios nos ha dado la libertad de escoger entre confiar o no confiar en él. Esa decisión es nuestra opción, y las ramificaciones de nuestra decisión son inmensas. Cuando escogemos confiar en Dios nos elevamos por encima de las tormentas, como el águila. Nuestra decisión de confiar en él nos lleva mucho más allá de nuestras circunstancias. Pero cuando desconfiamos de él, nuestras circunstancias comienzan a dictar nuestra paz, esperanza y gozo. Comenzamos a perder de vista la realidad, y somos propensos al temor, la desesperanza, el desaliento, la confusión y todo tipo de tinieblas.

El fruto corrupto de la incredulidad

La incredulidad es la razón por la que la mayoría del mundo está en un constante estado de negatividad, pesimismo y depresión. Esta negatividad tiene sus raíces en la naturaleza pecaminosa que no quiere confiar en Dios, porque en lo único que quiere confiar es en sí misma. La negatividad es inevitable si ponemos nuestra confianza en el hombre caído. Si nos dejamos llevar por la incredulidad, todo lo que hacemos podría llevarnos a un considerar el peor escenario, en el cual lo único que esperamos es que algo malo nos suceda a nosotros o a aquellos a quienes amamos. Lo triste es que muchos se resignan a vivir una vida llena de expectativas incumplidas.

Aunque esto que hemos dicho pueda parecer un ejemplo extremo, este tipo de negatividad puede romperse en las vidas de aquellos que desean caminar en la vida del Espíritu de Dios. La Vida que se nos ofrece en el Espíritu de Dios es una vida de esperanza, fe, y gozo, no importa como puedan lucir las circunstancias que nos rodean.

Podemos optar por confiar en Dios a pesar de las circunstancias

"Después de haberlos azotado mucho, los echaron en la cárcel, mandando al carcelero que los guardase con seguridad. El cual, recibido este mandato, los metió en el calabozo de más adentro, y les aseguró sus pies en el cepo. Pero a media noche, orando Pablo y Silas, cantaban himnos a Dios; y los presos los oían. Entonces sobrevino de repente un terremoto, de tal manera que los cimientos de la cárcel se sacudían; y al instante se abrieron todas las puertas, y las cadenas de todos se soltaron". **Hechos 16:23-26.**

Miremos a Pablo y a Silas en la celda de una prisión. Allí fueron golpeados y arrestados por causa de su fe, sin embargo, alababan a Dios en medio de lo que podría describirse como una situación sin esperanza. Fijémonos en la respuesta de Dios a la fe de ellos. Dios estremeció los cimientos de la prisión, y utilizó a Pablo y Silas para compartir el mensaje de Jesucristo con el carcelero y toda su familia. Este es un pasaje citado con frecuencia, donde el carcelero pregunta: *"Señores, ¿qué debo hacer para ser salvo?"* (Hechos 16:30). Sus difíciles circunstancias, combinadas con la fe de ellos, vinieron a ser una oportunidad para que Dios mostrara su fuerza y Su nombre fuera glorificado.

Como pueblo de Dios, somos llamados a mantener una postura de plena seguridad en el carácter y los caminos de Dios, sin importar como luzcan las circunstancias alrededor nuestro. Aún cuando las cosas parezcan no tener sentido, Jesucristo nos ha hecho libres para optar por *"dar gracias en toda circunstancia"*, porque *"ésta es la voluntad de Dios para ustedes en Cristo Jesús"* (1 Tesalonicenses 5:18). Si simplemente comenzamos a poner en práctica la Palabra de Dios en el área de dar gracias a Dios en toda circunstancia, esto irá eliminando el dominio de la negatividad sobre nuestras vidas, y seremos liberados para confiar en Dios en todas las cosas.

"Nadie puede venir a mí si el Padre que me envió no le trajere; y yo le resucitaré en el día postrero". Juan 6:44

"Porque por gracia sois salvos por medio de la fe: y esto no de vosotros, pues es don de Dios". Efesios 2:8

Al escuchar las palabras de Cristo, y al leer la carta de Pablo a los Efesios, nos damos cuenta de que no podemos reclamar crédito por nuestra fe, pues nuestra fe es un don de Dios. Cada vez que decidimos en nuestro corazón confiar en Dios, es porque su gracia está obrando en nosotros. Por tanto, jamás debemos pensar que es por nuestra bondad que logramos tener fe en Dios.

Si deseamos permanecer en Cristo, con la realidad de la Su vida fluyendo en nosotros, entonces debemos combinar la rendición total de nuestras vidas con la determinación de confiar plenamente en él. Esta fe no es fruto de nuestros propios esfuerzos, viene del Espíritu de Dios. En todo momento, en todas las cosas, debemos aprender a apoyarnos en el Espíritu. Y porque nuestra fe es un regalo de Dios, debemos aprender a confiar en que el Espíritu nos concederá la fe necesaria para mantenernos firmes. Tal vez una razón por la que muchos han visto que su fe se ha dañado es porque han estado intentando fabricar una fe para mantenerse firmes, en lugar de depender del Espíritu de Dios como el proveedor de la fe que necesitaban.

Un ejemplo de la vida diaria

Un hombre, al fin, decide rendir su vida plenamente a Dios. Rinde a él su matrimonio, sus hijos, sus finanzas, sus trabajos por Dios, etc. Pero en el fondo de su corazón no está del todo seguro de se puede confiar en Dios, y de que Dios puede encargarse de todas estas cosas. ¿Qué tiempo permanecerá rendido? ¿Cuánto durará su entrega total a Dios?

Está claro que este hombre, con muy poca o ninguna fe en el carácter de Dios, tomará de nuevo control de su vida cuando las cosas comiencen a ir en la dirección que no deseaba. Así también, muchas personas sinceras deciden entregar sus vidas a Dios, pero poco tiempo después reclaman el control de las mismas. El problema es que no han puesto en práctica la fórmula de Dios para alcanzar la victoria. Dios no sólo nos llama a entregarle la totalidad de nuestra vida, nos llama también a confiar consistentemente en su carácter, su voluntad y sus caminos. Si combinamos, en la práctica ambos elementos: "entrega absoluta" y "confianza plena" en Dios, comenzaremos a experimentar que su Espíritu vive en nosotros una vida que humanamente es imposible.

¿Por qué dice Dios que ésta es una vida humanamente imposible?

"Sin fe es imposible agradar a Dios; porque es necesario que el que se acerca Dios crea que le hay, y que es galardonador de los que le buscan". Hebreos 11:6

Nuestra naturaleza humana no puede agradar a Dios porque no confía en él, y por tanto no se puede rendir a él totalmente. Cuando el Espíritu de Dios viene a morar en nosotros trae toda la fe que necesitamos. Él confía en el Padre, sin reservas, y descansa en su bondad. No tiene duda alguna del carácter del Padre, y sabe que el Padre siempre tendrá cuidado de lo que pueda venir y lo usará para su gloria. Por tanto, si nos percatamos de que aún nuestra fe es un don de Dios, entonces la clave para alcanzar una fe perdurable es pedir al Espíritu Santo que nos revele su fe.

Preguntas para discusión

1. ¿En qué forma has encontrado que es difícil confiar en Dios?
2. ¿Has pensado alguna vez que la fe es una emoción en vez de una elección? Si es así, ¿cómo piensas que este concepto tuyo sobre la fe ha afectado tu capacidad para confiar plenamente en Dios?
3. ¿Alguna vez has tenido la experiencia de entregar algo a Dios y después lo has reclamado de vuelta? Si es así, ¿por qué piensas que lo reclamaste?
4. ¿Tienes en tu corazón algún resentimiento hacia Dios debido a difíciles circunstancias en el pasado?
    a. Si es así, ¿crees que ese sentimiento está impidiendo que confíes plenamente en él hoy?
    b. ¿Estarías dispuesto a ser honesto con Dios y compartir esa amargura que guardas en tu corazón? (Ten la seguridad de que él está presto a escucharte cuando le presentas tu dolor, tu incredulidad. Y no sólo eso, sino que desea que vuelvas a confiar y esperar en su bondad).

5. ¿Cuál es la causa principal por la que no puedes vivir una vida de plena confianza en Dios? ¿Estarías dispuesto a dejar que el Espíritu de Dios quite esa barrera de tu corazón para que puedas vivir una vida de fe?

Pasos de acción

Toma tiempo para meditar en las razones por las cuales te ha sido difícil confiar en Dios en el pasado. Permite que su Espíritu traiga a tu mente las razones para tu incredulidad y escríbelas más abajo. Usa estas áreas de dificultad como base para tu oración. Confía en que Dios tomará cualquier circunstancia, relación, o razón para tu falta de fe, y las usará para Su gloria en los días venideros.

_____

_____

_____

Enfoque de oración

Espíritu Santo, te doy gracias por venir a morar en mí. Te doy gracias porque en ti puedo encontrar toda la fe que necesito. Tú no dudas del carácter, la voluntad y los caminos del Padre. Ayúdame a entender tu fe para caminar en ella todos los días de mi vida. Decido, como un acto de mi voluntad, confiar en ti para que me conduzcas a toda verdad, y creer que podrás impartir a mi vida la misma fe que tienes tú. Tú eres Verdad, y creo que impartes a mi vida la misma fe que hay en ti. Enséñame a escoger dar gracias en toda circunstancia, y rechazar toda forma de negatividad, a fin de no causarte aflicción. Deseo andar en tu fe, y creer que ésta es tu voluntad y no la mía. Por tanto, ahora mismo, recibo tu inquebrantable fe en Dios el Padre y Dios el Hijo. (Continúa orando según te guíe el Espíritu de Dios).

Conclusión

Si puedes recordar las dos oraciones que hemos mencionado, esto te ayudará a examinar tu corazón para ver si aún permaneces rendido a él.

"Padre, todo lo que soy y tengo es tuyo".

Y también

"Confiaré en ti para todo".

"Entrega" y "confianza" son esenciales para nuestra relación con Dios. Ambos elementos van mano en mano y nos capacitan para ser utilizados por el Espíritu de Dios. Juntos conforman la actitud apropiada del corazón lleno del Espíritu de Dios. Debemos permitir al Espíritu que nos enseñe a examinar diariamente nuestros corazones para ver donde nos encontramos en lo que respecta a nuestra entrega y nuestra fe.

- ¿Hay algo en mi vida que no he entregado plenamente a Dios?
- ¿Hay algo que impide mi absoluta confianza en él?

Con el tiempo, mientras el Espíritu de Dios te enseña a mantener su comunión con él, aprenderás a evaluar donde te encuentras en esa relación. Si en algún momento sientes que esa comunión se ha deteriorado, aunque sea ligeramente, permite que las dos preguntas mencionadas aquí sean un recurso para que busques donde está la dificultad. Es posible que ese deterioro en la comunión tenga algo ver con un aspecto de tu voluntad que no desees continuar confiando a Dios. Cuando decidas regresar a ese lugar de plena entrega y confianza, puedes tener la certeza de que el Espíritu de Dios te llenará y usará para Su gloria.

Un estilo de vida que puede transformar naciones.

¿Estás comenzando a percatarte de que al elevar esta norma de vida, en cada miembro del Cuerpo de Cristo de una nación, se irá produciendo un tremendo avivamiento en la Iglesia que afectará también toda la sociedad? Éste no es un programa más, sino un llamado al corazón mismo de lo que Palabra de Dios nos dice que significa seguir a Jesucristo.

Este estilo de vida es asombrosamente poderoso, y es la norma bíblica para todos los verdaderos seguidores de Jesucristo, ¿cómo, pues, aprendemos a vivir en este lugar de plena entrega y absoluta confianza? Una cosa es conocer estas verdades intelectualmente pero, ¿cómo permanecemos en ellas?

A menudo nos encontramos viviendo de la manera que Pablo describió en Romanos 7: *"Porque no hago el bien que quiero, sino el mal que no quiero, eso hago. Y si hago lo que quiero, y no hago yo, sino el pecado que mora en mí… ¡Miserable hombre de mí! ¿Quién me librará de este cuerpo de muerte?"*. Romanos 7:19, 20, 24

Felizmente, Pablo continúa declarando que hay un lugar en el Espíritu de Dios donde ya no andamos más de acuerdo a la carne, sino que el Espíritu de Dios cumple sus propósitos a través de nosotros (Romanos 8:1-4). En el próximo capítulo conoceremos varias "claves o llaves" que Dios nos ha dado para ayudarnos a permanecer victoriosos. Estas llaves nos ayudarán a permanecer rendidos a Jesucristo y confiando en él y, por lo tanto, dando fruto para Su gloria.

Capítulo 6: El corazón de una vida fortalecida por el Espíritu Santo - Parte 2

Llaves para la permanencia en Cristo

"Yo soy la vid, vosotros los pámpanos; el que permanece en mí, y yo en él, éste lleva mucho fruto; porque separados de mí nada podéis hacer". Juan 15:5

Cuando buscamos pasar tiempo con Dios, nuestra meta debe ser nada más y nada menos que conectarnos con él de una manera muy real. No podemos darnos el lujo de perder la conexión con él. ¡Él es el todo! Toda la vida espiritual viene de él. Si deseamos tener una verdadera vida espiritual, entonces debemos conectarnos con él. Él es lo que el mundo que nos rodea necesita verdaderamente. No necesitan más retórica religiosa, necesitan la Persona de Jesucristo. Por lo tanto, cuanto más profundo podamos intimar con él, más de Su Vida tendremos para dar a los demás.

"Y el fuego encendido sobre el altar no se apagará, sino que el sacerdote pondrá en él leña cada mañana, y acomodará el holocausto sobre él, y quemará sobre él las grosuras de los sacrificios de paz. El fuego arderá continuamente en el altar; no se apagará". Levítico 6:12-13

Cuando un fuego en el reino físico no se cuida, puede disiparse en un período de tiempo muy corto. Los sacerdotes fueron instruidos para atender diariamente el altar del Señor, colocando madera nueva sobre él, para garantizar que el fuego nunca se apagara. De manera similar, como sacerdotes de Dios, debemos ser cuidadosos de nuestras vidas espirituales para que nunca se apague nuestro fuego de Dios.

Como analizamos en el capítulo anterior, la clave para mantenernos "en fuego" por Jesús radica en la permanencia de nuestros corazones en un lugar de entrega total y absoluta confianza en él. Pero surge la pregunta, "¿Cómo me mantengo ahí?" Es fácil saber que debemos vivir en ese lugar, pero ¿cuáles son algunos de los componentes prácticos de un estilo de vida piadoso, que se pueden aplicar con el objetivo de mantenernos todo el tiempo "muertos a nosotros mismos, mientras vivimos en Cristo"?

En este capítulo vamos a discutir 5 llaves o claves espirituales que nos ayudarán a asegurarnos de que nunca se apague el fuego en el altar de nuestra relación con Dios. Cada una de estas llaves espirituales puede describirse como un tronco de madera colocado en un fuego. Si tenemos uno o dos de estos troncos en el lugar adecuado, vamos a tener encendido un fuego pequeño. Pero si permitimos que el Espíritu de Dios nos muestre cómo colocar 4 ó 5 de estos troncos en el altar, entonces tendremos un fuego potente que no sólo nos hará permanecer encendidos, sino que empezaremos a encender para Jesús, a otros que se acerquen a nosotros.

Testimonio Personal

La primera vez que llegué a conocer realmente la persona de Jesucristo, después de décadas de simplemente aprender acerca de él, eso cambió completamente el curso de mi vida. Quería pasar cada minuto del día caminando con él. Su Palabra estaba viva y activa en mi vida y yo la bebía como si fuese agua. Las palabras de la Biblia parecían saltar de sus páginas hacia mi corazón. Sentía que Dios me estaba hablando directamente cuando leía la Biblia. Me pasaba horas en oración, hablando con Dios, amándole a él y adorándole con canciones que se me ocurrían en esos mismos momentos. Como un sencillo misionero que era, tomaba algunos días para estar a solas con el Señor, interced iendo por sus propósitos en las naciones, y clamando por las almas perdidas para que vinieran a la fe en Cristo. ¡Era una relación vibrante y activa con el Dios vivo!

En aquellos momentos supuse que esta relación podría seguir así para siempre. Nadie me había enseñado acerca de las "Llaves espirituales para la intimidad con Dios". Todo lo que sencillamente sucedía, era que el Espíritu de Dios había transformado los deseos de mi corazón de tal forma que lo único que quería era él. Pero no me percaté de que venían hacia mí varias áreas de oscuridad que empezaron a apagar poco a poco la vida y la intimidad que tenía con Dios.

El enemigo número uno que se coló, sin ninguna advertencia, fue el sistema religioso. Empecé a ser elevado en mi posición ministerial, pasando de ser un misionero novicio, a un pastor de jóvenes, a un pastor asistente, a un supervisor regional, a un coordinador nacional, a una función a nivel mundial. Caramba, eso quería decir que yo era importante y exitoso, ¿verdad?

Y así fue como empecé a caer en una mentira. La mentira de que una vida de ajetreo y actividad ministerial se traduce en una vida que de alguna manera es agradable a Dios. Más y más de mi tiempo lo pasaba en las actividades del ministerio, por lo que aquellos momentos de comunión viviente con la Palabra de Dios, en oración de intercesión y adoración espontánea, comenzaron a ser como un recuerdo lejano. Aún me volvía casi diariamente a la Palabra, pero era algo seco y como si estuviera en un desierto en alguna parte, recogiendo unas gotas de agua para poder continuar otro día más. A veces me descubría a mí mismo predicando más de mi experiencia pasada que de mi realidad presente. Durante ese mismo período de tiempo, empecé a darme cuenta de que yo no sabía cómo cumplir mi rol como esposo, como padre de nuestros cuatro hijos, como un ministro a tiempo completo, y al mismo tiempo mantenerme en un lugar de intimidad profunda con Jesús.

¿Dónde había ido la intimidad con Dios? ¿Dónde estaba mi primer amor?

"Yo conozco tus obras, y tu arduo trabajo y paciencia; y que no puedes soportar a los malos, y has probado a los que se dicen ser apóstoles, y no lo son, y los has hallado mentirosos; y has sufrido, y has tenido paciencia, y has trabajado arduamente por amor de mi nombre, y no has desmayado. Pero tengo contra ti, que has dejado tu primer amor. Recuerda, por tanto, de dónde has caído, y arrepiéntete, y haz las primeras obras; pues si no, vendré pronto a ti, y quitaré tu candelero de su lugar, si no te hubieres arrepentido".
Apocalipsis 2:2-5

Es humillante admitirlo, pero Dios tenía que llevarme de vuelta al punto de partida antes de que pudiera usarme de nuevo acorde a los propósitos que él tenía en su corazón. Él comenzó a mostrarme todas las formas en que el sistema religioso exigía de mi tiempo, de tal manera que casi me hizo salir de un lugar de intimidad profunda y verdadera con Dios. ¿Puedes ver la locura en esto? Porque el único medio de ministrar la vida divina a otros, es a través de un alma que vive en verdadera intimidad con el Espíritu de Dios. Sin embargo, la forma en que el sistema religioso se encuentra establecido en demasiados lugares de la tierra, hace que aquellos que están "en el ministerio" estén envueltos en actividades a tal grado, que tienen poco o ningún tiempo para la intimidad con Dios. Es una trampa que ha aniquilado a algunos de los hermanos y hermanas más sinceros en el Señor. Es algo que ha causado que innumerables almas hayan dejado por completo el ministerio, porque se han dado cuenta de la locura que hay en ello.

Para los que puedan relacionarse con este testimonio, y sobre todo para aquellos que están realizando alguna forma de servicio en el ministerio, les imploro, como vuestro compañero hermano en Cristo, que en ningún caso permitan que el trabajo del ministerio les robe su primer amor por Dios. Si te percatas de que esto ha tenido lugar, deja lo que estás haciendo sin importar la reacción de los que te rodean, vuelve de nuevo a él, y permítele restaurar tu intimidad con él. No tiene sentido el continuar en el ministerio cuando nosotros mismos estamos en necesidad de ser ministrados. Detente, arrepiéntete y vuelve a Jesús de todo corazón. Permite que él le restaure y reconstruya tu intimidad con él.

Si haces esto, ¡la obra que él hará en ti y a través de ti, superará cualquier cosa que hacías antes! En primer lugar, la intimidad, a continuación el dar frutos, lo cual es tan verdadero en las relaciones humanas como en nuestra relación con Dios (Juan 15). En el plano natural, el esposo y la esposa no tienen un hijo sin antes haber tenido intimidad. Tampoco podemos ser espiritualmente fructíferos y multiplicarnos sin tener primero la intimidad con Dios.

El Espíritu de Dios nos da el deseo de buscarlo

A medida que continuamos en nuestra discusión sobre las llaves espirituales, debo señalar que estas no están listadas aquí para hacernos entrar en algún tipo de esfuerzo humano a fin de ponerlas en práctica. Mientras estas llaves espirituales sean un "tener que", y no un "querer", entonces algo está mal. Es porque hay alguna forma de oscuridad (orgullo o incredulidad, el sistema del mundo, un ataque satánico), que está impidiendo al Espíritu de Dios promover en nuestros corazones un deseo más profundo de desearlo a él. Cuando nos arrepentimos de esta oscuridad y permitimos al Espíritu de Dios encender en nuestros corazones un deseo por él, nada ni nadie será capaz de impedirnos seguir a Jesús con todas nuestras fuerzas.

Jesús es el Camino a la intimidad con Dios. Si permitimos que Su Espíritu comience a dirigir nuestros tiempos de comunión extendida, él nos hará crecer más en un mes de lo que habríamos crecido en un año, o una década, a través de nuestros propios esfuerzos. Un año de formación por el Espíritu de Dios es igual a décadas en otros lugares. De hecho, la Palabra de Dios dice que "un día en su Presencia es mayor que mil días en otros lugares" (Salmo 84:10). Piensa en la multiplicación de tu tiempo si primero lo empleas en la Presencia de Dios. Basándonos en la Palabra de Dios, resulta que cada día empleado con el Espíritu de Dios es igual a tres años en otros lugares. ¡Por lo tanto puedes lograr más en una semana recibiendo poder del Espíritu de Dios, que lo que otros lograrían en 20 años!

Llaves Espirituales para un estilo de vida de intimidad con Dios

Si bien hay muchas cosas que son esenciales para una relación íntima con Dios, nos vamos a centrar en 5 llaves espirituales que nos ayuden a garantizar que continuemos avanzando en nuestro camino de la semejanza de Cristo. Algunos libros devocionales suelen designar estos aspectos de nuestra relación con Dios como "disciplinas". Pero la palabra disciplina a menudo implica "que hay algo que se debe hacer", aún cuando no tengamos el deseo de hacerlo. Por lo tanto, les estamos llamando "llaves espirituales" para indicar que son un regalo bendito de Dios. Cada una de ellas puede ser representada como una llave que abre una puerta para entrar a una relación más íntima con Jesucristo. Estas llaves nos ayudan a posicionar nuestras vidas de tal manera que el Espíritu de Dios es liberado para vivir cada día más a través de nosotros. La realidad es que sólo el Espíritu de Dios nos puede llevar a una mayor profundidad en él, pero nos ha dado los recursos espirituales para que dispongamos nuestras vidas de forma que Su Espíritu pueda hacer la obra.

Estas llaves espirituales nos ayudan a permanecer firmes en nuestra fe. Si no empleamos estas llaves, la batalla espiritual que tiene lugar en la vida será demasiado grande para nosotros. Con el tiempo, si ellas no se implementan en nuestro estilo de vida, nos encontraremos desalojados de la base de nuestra fe. Para algunos, esto no resultará en una rebelión obvia, pero nuestros corazones pueden desviarse de manera sutil a una posición donde estemos confiando en nosotros en vez de confiar en Dios.

En forma deliberada no he numerado estas llaves de intimidad a fin de no crear un formulario específico, o una manera singular de acercarnos a Dios. De una vivencia a otra, sólo el Espíritu de Dios vivo tiene el derecho y la capacidad de dirigirnos a la Persona de la Verdad. Desde el mismo momento que empezamos a buscar otras formas, que Dios no nos ha pedido, empezamos a alejarnos de la fuente de la Vida, porque tratamos de permanecer cerca de él por nuestros propios medios. Y notaremos, entonces, la falta de frescura en nuestros tiempos con Dios. Sólo por medio del Espíritu Santo podemos llenar nuestras vidas con la Vida de Dios.

Si deseamos caminar en una mayor medida en la vida del Espíritu de Dios, entonces tenemos que ser cada vez más sensibles a su dirección. Sólo él conoce todos los detalles de ese momento particular en el tiempo, y sólo él conoce los aspectos específicos de Jesús, la Persona de la Verdad, que necesitamos en ese mismo momento. Por lo tanto, cuando estés tratando de colaborar con Dios, comienza simplemente yendo a él como un niño. Comparte tu corazón con él y comienza a abrirte a la guía de su Espíritu. Él no va a fallar en guiarte hacia su Vida y libertad.

Llave Espiritual: Un estilo de vida de alabanza y adoración

"Vosotros adoráis lo que no sabéis; nosotros adoramos lo que sabemos; porque la salvación viene de los judíos. Mas la hora viene, y ahora es, cuando los verdaderos adoradores adorarán al Padre en espíritu y en verdad; porque también el Padre tales adoradores busca

que le adoren. Dios es Espíritu; y los que le adoran, en espíritu y en verdad es necesario que adoren". Juan 4:22-24

"Estad siempre gozosos. Orad sin cesar. Dad gracias en todo, porque esta es la voluntad de Dios para con vosotros en Cristo Jesús". 1 Tesalonicenses 5:16-18

Al aprender a vivir en un estilo de vida de alabanza y adoración, no queremos detenernos en el lugar de sólo cantar un par de canciones con nuestros labios, sino que queremos entrar en un lugar profundo de verdadera adoración de todo corazón a nuestro Rey. Queremos saber lo que significa abandonarnos a nosotros mismos en Su Presencia y entregarnos sin reservas a él. Es a partir de estos profundos encuentros con el Espíritu de Dios en la adoración, que estamos siendo moldeados y formados más y más a la imagen de Jesucristo.

He oído algo en Uganda en relación con la alabanza y la adoración, que continúa dentro de mí. Tienen una frase en la que se suele decir, *"¡Nunca te pierdas la oportunidad de alabar al Señor!"* Cuando nos damos cuenta de que la adoración será una parte de nuestras vidas por siempre y para siempre, sería prudente permitir que al Espíritu de Dios que nos lleve a una mayor profundidad en la adoración. Nunca nos lamentaremos de permitir que el Espíritu de Dios nos lleve más allá de donde hemos llegado, en las profundidades de Su Vida.

Instrucciones prácticas para un estilo de vida de alabanza y adoración

- El mejor consejo práctico es comenzar pidiendo al Espíritu Santo el modo como él tendría que cambiar tu estilo de vida, y, específicamente, tu manera de hablar, a fin de que venga a ser uno de alabanza y adoración.

- La práctica de elegir dar gracias en todas las circunstancias. Continúa optando por hacerlo, sea que entiendas o no el valor de ello en su inicio. Pídele al Espíritu Santo que implemente esto en ti como parte de tu estilo personal de vida.

- Practica contemplar a las personas y situaciones que te rodean no como tú las ves, sino pidiéndole a Dios que revele como él los ve. Dale gracias por lo que él está deseando hacer en las personas y las circunstancias a tu alrededor.

- Considera la posibilidad de cantar o escuchar música de adoración para mantener tu mente enfocada en la alabanza a Dios.

Llave Espiritual: Un estilo de vida de espera y atentos al Espíritu de Dios

"Mis ovejas oyen mi voz, y yo las conozco, y me siguen". Juan 10:27

"Aún tengo muchas cosas que deciros, pero ahora no las podéis sobrellevar. Pero cuando venga el Espíritu de verdad, él os guiará a toda la verdad; porque no hablará por su propia cuenta, sino que hablará todo lo que oyere, y os hará saber las cosas que habrán de venir. Él me glorificará; porque tomará de lo mío, y os lo hará saber". Juan 16:12-14

A medida que entramos a un lugar de adoración, y lo hacemos de todo corazón, comenzamos a vaciarnos de nuestro entendimiento humano. Asimismo, cuando nuestros deseos y caminos humanos son sometidos a él, podemos comenzar a oír su sabiduría y sus caminos. Mientras esperamos en la presencia del Señor con una voluntad rendida, debemos estar dispuestos a escuchar con claridad lo que el Espíritu de Dios está hablando a Su Iglesia. Es en este lugar donde recibimos una clara dirección de Dios en cuanto a su carácter, sus propósitos y sus caminos.

"Muchas cosas tengo que decir y juzgar de vosotros; pero el que me envió es verdadero; y yo, lo que he oído de él, esto hablo al mundo". Juan 8:26

Jesús declaró que él sólo habló lo que antes había recibido de su Padre. Escuchar con claridad al Espíritu de Dios es absolutamente esencial para cada seguidor de Cristo. Esto no debe relegarse a la responsabilidad de un pastor. Todos los hijos de Dios deben aprender a escuchar la voz de Dios, para que puedan caminar en esa confianza que produce el saber que sus pensamientos, palabras y acciones son dirigidos por el Espíritu de Dios.

"Estad quietos, y conoced que yo soy Dios; seré exaltado entre las naciones; enaltecido seré en la tierra". Salmo 46:10

"Pero los que esperan a Jehová tendrán nuevas fuerzas; levantarán alas como las águilas; correrán, y no se cansarán; caminarán, y no se fatigarán". Isaías 40:31

Dedicar tiempo para esperar en Dios y escuchar Su voluntad es algo muy crítico, tanto en nuestra relación personal con él como en nuestra asociación en su obra. El conocimiento de su voluntad es lo que nos da la fortaleza para mantenernos. Conocer la voluntad de Dios es lo que nos capacita para seguir adelante y no agotarnos, incluso cuando los que nos rodean están decayendo y no perseverando.

Sólo cuando sabemos que hemos escuchado a Dios vamos a tener la fe sobrenatural que necesitamos para avanzar y seguir confiando en las instrucciones de Dios. Y a medida que persistimos en obedecer la dirección específica que Dios nos ha dado, es que obtendremos la victoria. Muchos son los que dan testimonio de que sólo cuando oyeron claramente del Espíritu de Dios, y perseveraron en sus instrucciones, vieron avances que de otra manera no habrían experimentado.

Aprende a descansar en Dios. Siéntete cómodo en su presencia. Separa tiempo para estar a solas ante él y aprende a permitir que Su Espíritu determine la agenda para ese tiempo de comunión. Cuando empezamos a permitir que el Espíritu de Dios dirija el tiempo que pasamos juntos, nos percatamos de cuán buen líder es él.

Instrucciones prácticas para un estilo de vida de espera y atentos al Espíritu de Dios

- Toma el tiempo necesario para reposar en silencio delante del Señor.
- Confía plenamente en él para que guíe tu tiempo de comunión.
- Toma el tiempo para someter tu propia voluntad respecto a cualquier cosa para la que estés buscando la sabiduría de Dios. (Mientras que nuestra voluntad no está verdaderamente sometida, será difícil escuchar a Dios, pues somos propensos a insertar nuestros propios deseos en el proceso de escucharle)
- Una vez que has llegado a rendir tu corazón, pídele a Dios que te hable y espera el tiempo suficiente para escucharle con claridad. No abandones ese tiempo de comunión demasiado pronto. La revelación de Dios a menudo demora para darse a conocer. Cuanto más esperemos, más claramente apreciaremos lo que él desea compartir con nosotros.
- Anota todo lo que crees que has oído de él. Esto te ayudará a solidificar lo que Dios ha hablado. Usa ese registro escrito de lo que él ha hablado como un medio para orar acorde a lo que Dios ha revelado.

- Permite al Espíritu Santo la libertad de ampliar cualquier revelación que te haya dado, a través de la Palabra, la oración, las circunstancias y el resto del Cuerpo de Cristo, reconociendo que cada uno de nosotros sólo ve en parte. (1 Corintios 13:12).

- En cuanto a decisiones críticas, es importante la participación de al menos otros 2 o 3 creyentes espiritualmente sensibles, que se unan en la búsqueda de la voluntad de Dios, y no tengan un interés específico en el resultado de la revelación.

Llave Espiritual: Un estilo de vida de ser llenado con la Palabra de Dios

"Bienaventurado el varón que no anduvo en consejo de malos, Ni estuvo en camino de pecadores, Ni en silla de escarnecedores se ha sentado; sino que en la ley de Jehová está su delicia, Y en su ley medita de día y de noche". Salmo 1:1-3

"¿Con qué limpiará el joven su camino? Con guardar tu palabra. Con todo mi corazón te he buscado; No me dejes desviarme de tus mandamientos". Salmo 119:9-11

Es evidente que una vida que está llena de la Palabra de Dios es la clave para mantener el fuego de Dios en nuestros corazones. Mientras que muchos tienen una disciplina de lectura regular de la Palabra de Dios, esta llave espiritual nos está animando a ir mucho más allá de la rutina normal. Podemos hacer que sea una prioridad diaria el pasar un tiempo prolongado en la Palabra de Dios. Debemos fijarnos la meta de permitir al Espíritu de Dios que nos enseñe cómo desea él desea que la Palabra de Dios nos llene.

A veces, la persona del Espíritu Santo nos puede llevar a pasajes concretos en los que él quiere comunicar un mensaje urgente que es esencial en ese momento. En otras ocasiones nos puede llevar a estudiar un aspecto particular de Su carácter para que nuestra fe se fortalezca, pues él sabe que pronto nos enfrentaremos a alguna situación. En otras ocasiones nos puede llevar a meditar profundamente en un solo versículo, o tomar tiempo para leer extensas porciones de la Biblia, para obtener una imagen más completa de Su carácter a lo largo de la historia. Otras veces Dios nos puede conducir a memorizar un verso en particular. En todo esto, no debemos olvidar que mientras estamos leyendo, tenemos al Autor del libro justo ahí con nosotros. Si necesitamos claridad en un pasaje particular, ¿por qué no pedirle Su visión sobre el mismo? Si estamos confundidos, o bien le necesitamos para refrescarnos y que su palabra cobre vida de nuevo en nosotros, ¿por qué no pedirle que lo haga?

En todas las diferentes formas en que el Espíritu Santo nos puede conducir a interactuar con la Palabra de Dios, él está usando eso para llenar nuestra mente con la mente de Cristo (1 Corintios 2:16).

Llenar nuestras mentes con las promesas de la Palabra de Dios

La Palabra de Dios contiene promesas importantes que están disponibles para todos los que han intercambiado su vida por la vida de Cristo. Es útil saber lo que Dios piensa de nosotros, para que nuestra fe se anime a creer como él cree. Hay libros enteros escritos sobre este tema, pero en esta sección sólo quiero considerar algunas promesas claves que Dios ha dado a los que han entrado en el Nuevo Pacto, al rendirse a Su Señorío y confiar en Jesucristo para el perdón de sus pecados. Comencemos a llenarnos de lo que Dios mismo ha declarado acerca de nosotros.

Basado en la Palabra de Dios, como hijo Suyo eres

- **Amado** (Juan 3:16, 13:34, 15:09, 15:12, 16:27, 17:26, Romanos 5:5, 5:8, 8:35-39, 1 Corintios 13:1. - 13, Efesios 2:4, Col 3:12, 1 Tes. 1:4, 1 Juan 4:11, 4:16, 4:19, Apocalipsis 1:5)

- **Perdonado** (Hechos 2:38, 10:43, Efesios 1:7, Colosenses 1:14)

- **Justificado y calificado** (Romanos 3:24, 3:28, 5:1, 5:9, 10:10, 1 Corintios 6:11, Gal 2:16, 3:24, Colosenses 1:12, Tito 3:7)

- **Llamado a ser santo / santificado / apartado / irreprensible** (Hechos 26:18, Romanos 1:7, 5:16, 1 Corintios 1:2, 6:11, Efesios 1:04, 3:18, 5:3, Fil. 1:1, Col. 1:2, 1:22, 3:12, 1 Tes. 4:7, 2 Timoteo 1:9, Hebreos 10:10, 10:14, 12:14, 1 Pedro 1:16, 2 Pedro 3:11)

- **Protegido/Provisto** (Juan 17:11, 15, Romanos 5:17, 2 Tesalonicenses 3:3).

- **Apreciado/célebre/honrado por Dios/respetado** (Juan 12:26, 17:22, 1 Cor. 12:24 , Hebreos 2:7)

- **Glorificado** (Juan 17:22, Romanos 8:30)

- **Llamado y elegido** (Juan 15:19, Romanos 8:30, 8:33, 11:5, Efesios 1:11, Colosenses 3:12, 1 Tesalonicenses 1:4, 1 Pedro 2:9, Apocalipsis 17:14)

- **Con la presencia del Espíritu Santo** (Lucas 11:13, Juan 14:16-20, Hechos 2:38, Efesios 4:30, 2 Timoteo 1:14).

- **Una nueva creación** (2 Cor. 5:17, Gal 6:15)
- **Herederos de Dios y coherederos con Cristo / en espera de una herencia gloriosa** (Romanos 8:17, Efesios 1:18)
- **Liberado del reino de las tinieblas y trasladado al reino de la luz** (Efesios 5:8, Colosenses 1:13, 1 Tesalonicenses 5:5, 1 Pedro 2:9)
- **Una parte del Cuerpo de Cristo** (1 Corintios 12:27).
- **Un representante oficial del Mesías / embajador / y un sacerdote real** (2 Cor. 5:18-20, 1 Pedro 2:4-5, 9, Apocalipsis 5:9-10)
- **Bendecido con toda bendición espiritual** (Efesios 1:3)
- **Sentado con Cristo en los lugares celestiales** (Efesios 2:6)
- **Más que vencedor** (Romanos 8:37)
- **La luz del mundo** (Mateo 5:14)

Sólo una de estas grandes promesas es suficiente para transformar toda nuestra vida. Si constantemente tomaras tiempo para meditar en lo que Dios te ha hablado en Su Palabra, te encontrarás comenzando a vivir en un nivel de plenitud de su Espíritu y con poder de él. Considera la posibilidad de tomar el tiempo para meditar en estas grandes promesas sobre una base regular, y reclamarlas ante Dios en oración, ya que es Su provisión para ti en el Nuevo Pacto.

Estas promesas están disponibles para todo el que quiera permanecer en la Vida de Jesucristo, porque son verdaderas "en Cristo". De esta manera, comprendemos lo importante que es continuar estrechamente conectados al Espíritu de Dios, porque toda nuestra vida depende de él. Es sólo cuando nos rendimos a Dios y confiamos en él que cada uno de Sus promesas se transforman en diamantes y oro espirituales.

"Toda la Escritura es inspirada por Dios, y útil para enseñar, para redargüir, para corregir, para instruir en justicia".
2 Timoteo 3:16

"Porque la palabra de Dios es viva y eficaz, y más cortante que toda espada de dos filos; y penetra hasta partir el alma y el espíritu, las coyunturas y los tuétanos, y discierne los pensamientos y las intenciones del corazón". Hebreos 4:12

La Palabra de Dios puede compararse a un almacén infinitamente lleno de tesoros espirituales. Estos tesoros espirituales revelan diversas facetas del carácter de Dios, su voluntad para la creación, y sus formas de cumplir sus planes. La Palabra de Dios nos da una orientación clara para, prácticamente, todos los aspectos de la vida en la tierra. Contiene un sinfín de tesoros sobre el conocimiento de Dios, porque el Autor está viviendo dentro de nosotros a medida que avanzamos a través de la Palabra. Justo cuando pudimos haber pensado que habíamos agotado los tesoros de la Biblia, el Espíritu de Dios nos lleva a comprender una nueva faceta de lo que nunca antes habíamos visto. En resumen, él es capaz de mantener nuestro tiempo inspirado y activo cuando leemos Su Palabra.

Mientras este elemento de un estilo de vida fortalecido por el Espíritu Santo era implementado en Uganda, el Señor les habló de que iba a llegar un momento en que estarían tan saturados en la Palabra de Dios, que cada vez que hablaran, todo lo que saldría de sus bocas sería su Palabra. Permitamos que el Espíritu Santo nos guíe hacia un estilo de vida que interactúe con la Palabra de Dios de una manera vibrante, para que podamos ser llenos de la perspectiva de Dios. Y así cuando la Palabra de Dios fluya, ella expondrá lo que necesita ser arrancado y removido, como también elevará lo que tiene que ser edificado y fortalecido.

Instrucciones prácticas para un estilo de vida lleno con la Palabra de Dios

- **Comienza por pedir a Dios que ponga hambre por Su Palabra en tu corazón.** Mientras él contesta tu oración, te dará el deseo de leer su Palabra para que esto pase de ser algo que se supone que debes hacer, a ser algo que esperes realizar con entusiasmo.

- Pide al Espíritu de Dios la forma como él desea que llenes tu vida con la Palabra de Dios.

Hay muchas formas que el Espíritu Santo puede usar para tomar la Palabra de Dios y que la recibamos en nuestros corazones.

Formas prácticas para llenar nuestras vidas con la Palabra de Dios

"Y puestos de pie en su lugar, leyeron el libro de la ley de Jehová su Dios la cuarta parte del día, y la cuarta parte confesaron sus pecados y adoraron a Jehová su Dios". Nehemías 9:3

- **Lee una abundante porción de la Escritura** (por ejemplo, la lectura de 5 a 10 capítulos a la vez)

Si leer tanto te resulta difícil, otra manera de ingerir extensas porciones de la Escritura es escuchando a otra persona leyendo la Palabra o por medio de un recurso de audio / video.

"Nunca se apartará de tu boca este libro de la ley, sino que de día y de noche meditarás en él, para que guardes y hagas conforme a todo lo que en él está escrito; porque entonces harás prosperar tu camino, y todo te saldrá bien". Josué 1:8

- **Meditación**

Cuando reflexiones sobre la porción de las Escrituras que has leído, plantéate algunas preguntas sencillas: "¿Cómo veo a Dios en lo que acabo de leer? Sobre la base de lo que acabo de leer, ¿qué puedo aprender acerca del carácter de Dios? Sobre la base de lo que acabo de leer, ¿qué ajustes necesito hacer en mi vida para que esté en concordancia con la voluntad y los caminos de Dios? Sobre la base de lo que acabo de leer, ¿qué cree Dios que es verdadero acerca de mí? "

"Porque Esdras había preparado su corazón para inquirir la ley de Jehová y para cumplirla, y para enseñar en Israel sus estatutos y decretos". Esdras 7:10

- **Estudio**

Permite que el Espíritu Santo te dirija en cuanto a la forma cómo él quiere que estudies su Palabra. Puede haber ocasiones en las que estudies ciertos temas que te ocuparán semanas o meses, como el estudio del estilo de vida de Jesucristo. Mientras Su Espíritu te guíe en el estudio de su Palabra, él te ayudará a tener una comprensión profunda de este tema.

"Y vino a él el tentador, y le dijo: Si eres Hijo de Dios, di que estas piedras se conviertan en pan. El respondió y dijo: Escrito está: No sólo de pan vivirá el hombre, sino de toda palabra que sale de la boca de Dios". Mateo 4:3-4

- **Memorización**

Considera dedicar tiempo a memorizar la Palabra de Dios y permitir que ella llene tu corazón y mente. Si te llenas de la Palabra de Dios, de la misma forma que Jesús lo experimentó, ella vendrá a tu mente cuando lo necesites.

Cada una de estas formas de recibir la Palabra de Dios posee una calidad e importancia única, por tanto, te animamos a pedir regularmente al Espíritu Santo que te ayude a permanecer en una posición donde estés siendo llenado con Su Palabra.

"Si permanecéis en mí, y mis palabras permanecen en vosotros, pedid todo lo que queréis, y os será hecho". Juan 15:7

Jesús dijo que si sus palabras se quedan en nosotros, vamos a tener poder en la oración. Hay zonas del mundo donde la gente no tiene acceso a una Biblia y algunos creyentes incluso arriesgan sus vidas para acceder a pequeñas porciones de las Escrituras. Por eso, cualquier persona que tenga acceso a la Palabra escrita de Dios, debe sacar el máximo provecho de este tremendo privilegio. Tenemos la libertad de llenar nuestras vidas con las enseñanzas de Jesús, así como la de leer personalmente el registro de como Dios ha tratado con el hombre desde el principio de la creación hasta el nacimiento de la Iglesia. Este es un recurso que debemos ver como una llave para nuestra relación con Dios.

Llave Espiritual: Estilo de vida de oración e intercesión

Con demasiada frecuencia, la gente viene a Dios de una manera muy religiosa. Ellos pueden estar hablando en su forma normal con los que les rodean, pero cuando alguien sugiere que oren, tienen la tendencia a emplear una forma de hablar muy formal y solemne. En algunos casos pueden incluir entonaciones dramáticas en su voz, que jamás utilizan en la conversación ordinaria con las demás personas. Esta manera "religiosa" de dirigirse a Dios es completamente innecesaria, y puede impedir una relación íntima con Dios, tanto a nosotros como a nuestros oyentes. En vez de eso, comienza a orar como si fueras un niño dirigiéndose a Dios. Procura ser tú mismo cuando estés con Dios. Él ya lo conoce todo acerca de ti.

Sé, por experiencia, que en determinados contextos, especialmente en el ministerio público, puede haber una fuerte presión para decir una oración que impresione a los demás. En vez de eso, hagámonos el propósito en nuestra mente de que ya no vamos a actuar para una audiencia humana. Algunos de nosotros estamos tan acostumbrados a esa forma de orar, que oramos así hasta cuando estamos a solas con Dios.

"¡Ay de vosotros, escribas y fariseos, hipócritas! porque devoráis las casas de las viudas, y como pretexto hacéis largas oraciones; por esto recibiréis mayor condenación". Mateo 23:14

Jesús habló contra las oraciones que tuvieran aire de pretensión. En su lugar, podemos tomar la decisión de que vamos a dirigirnos a Dios como nuestro "Abba" (Papá o Papaíto). Vamos a hablar con él íntimamente, como el Padre que nos ama y nos cuida y nos conoce mejor que nosotros mismos. Echemos fuera la pretensión. Echemos fuera toda actuación.

Responde sí, a ser tú mismo ante Dios. Sí, para hablar con él como tu amigo. Sí, al compartir las profundidades de tu alma y permitir a él que te hable en intimidad. Sí, para pedirle que te llene con Su corazón hacia los que te rodean. Sí, para recibir Su corazón para las naciones.

"Mis ovejas oyen mi voz, y yo las conozco, y me siguen". Juan 10:27

Como se mencionó anteriormente, un elemento fundamental en nuestra vida de oración es tomarnos el tiempo para escuchar a Dios. Debido al hecho de que Dios conoce todas las cosas, sería imprudente que pasáramos la mayor parte de nuestro tiempo de oración hablando con él acerca de lo que pensamos que debería suceder. ¿Por qué no tomar tiempo para escuchar lo que él quiere compartir con nosotros? Sólo él conoce el camino a seguir. ¿Por qué no pedirle lo que él considera que necesitamos orar?

"Por nada estéis afanosos, sino sean conocidas vuestras peticiones delante de Dios en toda oración y ruego, con acción de gracias. Y la paz de Dios, que sobrepasa todo entendimiento, guardará vuestros corazones y vuestros pensamientos en Cristo Jesús". Filipenses 4:6-7

A medida que la Palabra de Dios y la adoración comiencen a ser cada vez más una parte de nuestras vidas, vamos a empezar a conocer, de manera más profunda, el corazón de Dios para nosotros, nuestras familias y el mundo que nos rodea. Mientras Su corazón empieza a llenarnos, vamos a comenzar a anhelar que lo que está en Su corazón sea manifestado en la tierra.

Es entonces que la oración comienza a fluir de manera sobrenatural en nuestros corazones, y anhelamos que Su voluntad sea hecha en la tierra como en el cielo. Y al ver el contraste entre lo que se vive actualmente, y lo que Dios realmente desea que suceda, comenzaremos a pedir a Dios una respuesta al efecto. Es este tipo de oración que brota del corazón y la voluntad de Dios la que comienza a dar a luz al Reino de Dios en la tierra.

"Y él se apartó de ellos a distancia como de un tiro de piedra; y puesto de rodillas oró, diciendo: Padre, si quieres, pasa de mí esta copa; pero no se haga mi voluntad, sino la tuya. Y se le apareció un ángel del cielo para fortalecerle. Y estando en agonía, oraba más

intensamente; y era su sudor como grandes gotas de sangre que caían hasta la tierra". **Lucas 22:41-44**

"En aquellos días él fue al monte a orar, y pasó la noche orando a Dios". **Lucas 6:12**

Jesús sabía lo que era una oración profunda. Hubo ocasiones en las que él se mantuvo en oración toda la noche. Fue después de uno de estos períodos de oración nocturna que él seleccionó sus 12 discípulos (Lucas 6:13). Debemos pues, preguntarnos: "Si el Hijo de Dios mismo necesitaba orar de esa manera, con el fin de mantenerse conectado con el Padre, ¿cuánto más necesitamos tú y yo aprender a permanecer en un constante estado de oración?"

Muchos de los héroes de la fe vivieron una vida de oración intercesora. Abraham intercedió por Sodoma y Gomorra, Moisés se paró en la brecha por los israelitas en el monte Sinaí, David oró durante toda su vida desde que era un joven pastor de ovejas hasta el reinado, Daniel ayunó y oró por el cumplimiento de la Palabra de Dios dada a Jeremías. A lo largo de la historia de la Iglesia los hombres y mujeres de Dios han dado testimonio sobre la necesidad de un estilo de vida entregado a una profunda búsqueda de Dios en oración intercesora.

"Y busqué entre ellos hombre que hiciese vallado y que se pusiese en la brecha delante de mí, a favor de la tierra, para que yo no la destruyese; y no lo hallé". **Ezequiel 22:30**

El poder entrar en el corazón de Dios y sentir su agonía por la condición de Su Iglesia, el experimentar su anhelo desesperado por la salvación de las almas perdidas, es un privilegio y la responsabilidad de cada hijo de Dios. De acuerdo a la Palabra de Dios, esto no está reservado para un grupo selecto de personas que se consideran "intercesores". A cada miembro del Cuerpo de Cristo le ha sido dado el privilegio y la responsabilidad de permitir que el Espíritu de Dios los use como instrumento de oración sostenida que traiga el Reino de Dios desde el cielo a la tierra.

"Y de igual manera el Espíritu nos ayuda en nuestra debilidad; pues qué hemos de pedir como conviene, no lo sabemos, pero el Espíritu mismo intercede por nosotros con gemidos indecibles. Mas el que escudriña los corazones sabe cuál es la intención del Espíritu, porque conforme a la voluntad de Dios intercede por los santos". **Romanos 8:26-27**

A medida que nuestro amor por Dios crece en intensidad, el nivel de la oración en nosotros y a través de nosotros debería estar en continuo crecimiento. Debe haber un hambre más profunda por las almas perdidas que nos haga gemir porque ellos entren en el Reino de Jesucristo. Debemos creer a Dios para que nos dé un anhelo más profundo de Sus propósitos para nuestra comunidad, lo que nos hará clamar a él en oración. Mientras esta vida de oración se profundiza y empezamos a ver más y más respuestas a la oración, la oración de intercesión comienza a convertirse en una parte valiosa de nuestro estilo de vida.

Instrucciones prácticas para un estilo de vida de oración e intercesión

- Del mismo modo que uno de los discípulos le pregunto a Jesús, tú también puedes pedir periódicamente al Espíritu de Dios: "Enséñame a orar". (Lucas 11:01)

- Toma el tiempo necesario esperando ante el Señor y pregúntale: "¿Cuál es tu voluntad para esta persona / circunstancia?" Y cuando hayas recibido de él cuál es su voluntad, entonces puedes orar con la plena confianza de que lo que estás pidiendo llegará a suceder, porque sabes que esa es la voluntad de Dios (1 Juan 5:14-15).

- Solicita al Espíritu de Dios visualizar a esa persona / circunstancia tal y como él los ve. De esta manera, comenzarás a tener una mayor comprensión del corazón de Dios. Y así como Su corazón se convierte en nuestro corazón, la oración comenzará a fluir hacia esa persona / circunstancia.

- Puedes considerar el grabar peticiones específicas de oración, así como respuestas específicas a ella. Esto te permitirá llevar regularmente estas peticiones definidas delante del Señor. Y al recordar las victorias que Dios ya ha logrado, tu fe permanecerá firme e inquebrantable.

Una de las formas que Satanás utiliza para tratar de engañarnos y que dejemos de orar es hacernos creer que el carácter de nuestro Dios no es realmente bueno, y que nuestras oraciones no marcarán una verdadera diferencia. Pero cuando tienes páginas de oración contestadas delante de ti, resulta prácticamente imposible que esta mentira se sostenga durante mucho tiempo. Conserva estas respuestas a las oraciones del pasado, y entonces avanza con fe al orar por las situaciones del presente. ¡Puedes estar seguro de que estas oraciones harán una diferencia!

Llave Espiritual: Un estilo de vida de responsabilidad y sumisión mutuas

"Y considerémonos unos a otros para estimularnos al amor y a las buenas obras; no dejando de congregarnos, como algunos tienen por costumbre, sino exhortándonos; y tanto más, cuanto veis que aquel día se acerca". **Hebreos 10:24-25**

No importa el grado de madurez que tengamos en nuestra fe en Cristo, necesitamos comunión regular con otros creyentes. Específicamente, y hasta dentro del Cuerpo más amplio de creyentes, debemos tener por lo menos una o dos relaciones cercanas, con quienes estemos en sinceridad y honestidad, de forma que nos ayuden a mantenernos responsables ante Dios. Si bien debemos tratar de estar en comunión con todos los creyentes en una forma general, es de vital importancia contar con otros varios seguidores de Cristo con los cuales seamos íntimos y que conozcan de nuestras faltas, a fin que nos puedan apoyar en oración y mediante la amonestación. Estos compañeros íntimos en la fe deben ser los que nos desafíen a profundizar en nuestro compromiso con Jesús. Cuando pasamos tiempo con ellos, esto debe dar como resultado una mayor hambre en nuestros corazones, para entregarnos y confiar en Jesús cada vez más.

"Hierro con hierro se aguza; Y así el hombre aguza el rostro de su amigo". **Proverbios 27:17**

"Someteos unos a otros en el temor de Dios". **Efesios 5:21**

Tener un grupo de apoyo de esta naturaleza constituye una llave para nuestro crecimiento espiritual. Jesús modeló este tipo de relación con los doce, y hasta tuvo tres de ese grupo de doce a quienes reveló más de Sí mismo (Mateo 17:1). No hay sustituto para este tipo de relación con otras personas que también están tratando de caminar cerca de Dios.

Instrucciones prácticas para un estilo de vida de responsabilidad y sumisión mutuas

- Solicita al Espíritu de Dios que te revele al menos una o dos personas dentro de tu propia esfera de influencia, que puedes comenzar a visualizar como socios con quienes funciones en responsabilidad y sumisión mutuas.
- A medida que Dios te revela a quien o quienes puedes confiarte, da un paso de fe para pedirles que establezcan una relación de este tipo.

- Toma la decisión de ser el primero(a) que se haga vulnerable, incluso si los otros aún no se han vuelto vulnerables respecto a las dificultades que ellos enfrentan. De esta forma, está ejemplificando la profundidad de relación que será fundamental para tener en los próximos días. Con el tiempo, Dios puede hacer que ellos también compartan contigo sus luchas y peticiones de oración.
- Si tienes un cónyuge que es creyente en Jesús, él o ella debe ser una de las personas que consideres como un socio en el compromiso de responsabilidad y sumisión mutuas. Si todavía no tienes este nivel de relación con tu cónyuge, comienza a pedir al Espíritu de Dios que te ayuda a establecer este nivel de amor y confianza en tu matrimonio.
- Persevera en estas relaciones hasta que se establezca un nivel de profundidad en la relación de unos con otros, que te permita compartir cualquier cosa que estés enfrentando, y así puedas recibir aliento de los que contigo también son seguidores de Jesús.

La meta es lograr una genuina intimidad con Dios

"Y viendo todo el pueblo la columna de nube que estaba a la puerta del tabernáculo, se levantaba cada uno a la puerta de su tienda y adoraba. Y hablaba Jehová a Moisés cara a cara, como habla cualquiera a su compañero. Y él volvía al campamento; pero el joven Josué hijo de Nun, su servidor, nunca se apartaba de en medio del tabernáculo". Éxodo 33:10-11

Leemos que Dios habló con Moisés "cara a cara" como con un amigo. ¿Ha sido ésta tu experiencia regular con Dios? ¿Acaso sueles finalizar tu tiempo de comunión con él consciente de quién es él realmente, de manera que seas transformado?

Nuestro objetivo en la búsqueda de Dios consiste en conocerlo íntimamente como nuestro amigo. Estamos buscando un encuentro profundo y real con el Dios vivo. Un encuentro con Dios es más valioso que años de experiencia a través de las disciplinas religiosas. Por lo tanto, no caigas en una rutina al utilizar las llaves espirituales, pues esa rutina será un obstáculo para que te encuentres realmente con Dios. Supera eso pidiéndole a Dios que te reviva una vez más.

"Porque así dijo el Alto y Sublime, el que habita la eternidad, y cuyo nombre es el Santo: Yo habito en la altura y la santidad, y con el quebrantado y humilde de espíritu, para hacer vivir el espíritu de los humildes, y para vivificar el corazón de los quebrantados".
Isaías 57:15

Sólo el Espíritu Santo puede guiarnos hacia Jesús

"Pero cuando venga el Espíritu de verdad, él os guiará a toda la verdad; porque no hablará por su propia cuenta, sino que hablará todo lo que oyere, y os hará saber las cosas que habrán de venir".
Juan 16:13

Todos deseamos vivir en libertad. La Palabra de Dios nos dice que la Verdad nos hace libres y que el Espíritu de Dios es la Verdad Viviente. La Verdad es una Persona. Por lo tanto, si queremos libertad en nuestras vidas, y que la libertad fluya a través de nuestra vida a los demás, entonces debemos buscar la Persona de la Verdad.

Y si alguno de vosotros tiene falta de sabiduría, pídala a Dios, el cual da a todos abundantemente y sin reproche, y le será dada. Pero pida con fe, no dudando nada; porque el que duda es semejante a la onda del mar, que es arrastrada por el viento y echada de una parte a otra. No piense, pues, quien tal haga, que recibirá cosa alguna del Señor. El hombre de doble ánimo es inconstante en todos sus caminos. Santiago 1:5-8

Hay una razón por la que nos hemos empeñado en afirmar que sólo el Espíritu Santo puede ser nuestro guía hacia una intimidad más profunda con Dios. Con mucha frecuencia podemos ser engañados en el intento de acercarnos a Dios a través del esfuerzo religioso, en lugar de venir a él "como un niño" y permitirle que nos guíe. Debemos abandonar todo esfuerzo humano si queremos entrar en la vida que es verdaderamente guiada por el Espíritu de Dios. Cuando acudas a Dios, acude en la fe, creyendo que él te dará sabiduría y dirigirá tu tiempo de intimidad con él. Entonces, prosigue según Su Espíritu te guíe.

Servimos a un Dios creativo. ¡El Dios con el que buscamos intimidad es más que capaz de mantener nuestros tiempos con él: frescos, vibrantes y plenos cada momento de cada día! Si alguna vez encontramos que nuestro tiempo con él carece de vitalidad, es probable que todavía quede un pecado no confesado, o que hayamos empezado a apoyarnos en cierta forma de piedad, que está limitando que el Espíritu nos conduzca hacia Su Vida.

Exhortación final, práctica, respecto a las llaves espirituales

Hasta este momento, nos hemos movido más allá de los testimonios de las cosechas maravillosas que se han visto en China, Taiwán y en otras partes del mundo. Hemos tomado tiempo para reflexionar sobre "el terreno" y analizar los tipos de semillas que se utilizaron, dónde se compraron, cómo fue arada la tierra, la forma de mantener regado el suelo, cómo se cuidaron las plantas, cómo se realiza la cosecha y cómo distribuirlas cuando ya están listas. Esperamos que continúes insistiendo en estas "llaves espirituales" hasta que se conviertan en parte de tu estilo de vida con el Señor.

Puedes incluso considerar el leer de nuevo, en múltiples ocasiones, las dos secciones dedicadas al "corazón de una vida fortalecida por el Espíritu Santo", para así dar al Espíritu de Dios la oportunidad de darnos una revelación más profunda. Esperamos que este estilo de vida se mantenga en el centro de tu vida mientras vivas. Que tu actitud sea: "Señor, estoy dispuesto a hacer lo que haga falta para que esto llegue a ser una realidad en mi vida".

En este proceso para establecer un estilo de vida fortalecido por el Espíritu Santo, no estamos buscando una solución rápida, estamos tratando de aprender lo que significa habitar en Jesús, de tal manera, que este estilo de vida permanezca. En lugar de considerar esto como una carrera por tratar de entender todas las llaves espirituales y en ponerlas en práctica lo antes posible, piensa en esto como un viaje con el Espíritu de Dios. Un viaje en el cual él te está enseñando cómo poner en práctica este estilo de vida. Ve pensando en términos de semanas, meses e incluso años para que el Espíritu Santo te haga crecer y madurar en cada aspecto de este estilo de vida, hasta el grado que te consumas con la Vida de Dios mismo. Primero comienza con tu vida individual, entonces continúa con tu familia y luego tu esfera de influencia.

A lo largo de la historia de la Iglesia, cuando este estilo de vida se ha puesto en práctica como la forma normal de caminar con Cristo, esto ha sido utilizado por el Señor para dar mucho fruto. El fruto de este tipo de estilo de vida en Uganda se ha traducido en un impacto a nivel nacional, donde el Evangelio de Jesucristo ha afectado a prácticamente todos los sectores de la vida. Y debido a que Taiwán, a lo largo de su nación, asumió un reto similar de practicar este estilo de caminar con Jesús, es la razón por la que han comenzado a cosechar frutos similares a nivel nacional. En sólo cuatro años, han visto casi duplicado el número de seguidores de Cristo, con cientos de miles viniendo a Cristo en una nación que había sido resistente a la oración y al Evangelio de Jesucristo.

¿Podría algo similar suceder en tu país si este mismo estilo se pusiera en marcha en todo el Cuerpo de Cristo, en todos los sectores de la vida? Creemos que no sólo es posible, sino que es el deseo de Dios que esto tenga lugar. Si él es por nosotros, ¿quién puede estar contra nosotros? Si vamos a pagar el precio para establecer un estilo de vida fortalecido por el Espíritu Santo a través de nuestra nación, podemos estar convencidos de que Dios responderá con poder, tal como lo está haciendo en otros lugares.

Entonces Pedro, abriendo la boca, dijo:

"En verdad comprendo que Dios no hace acepción de personas, sino que en toda nación se agrada del que le teme y hace justicia". Hechos 10:34-35

Instrucciones prácticas

- Pida al Espíritu Santo que te guíe en este proceso. Él es tu líder y te guiará a toda la verdad (Juan 16:13). Si no dependes de él, entonces serás propenso a creer que por tus propios esfuerzos humanos podrás alcanzar rápidamente todas las llaves espirituales y aplicarlas de inmediato, o puedes estar tan abrumado por la idea de tener que hacer todo esto que ni siquiera llegues a comenzar con una de las llaves. En vez de esto, descansa en el Espíritu de Dios y permite que él te guíe en este proceso. Él es un guía fiel. Él no ha fallado ni una sola vez en producir el fruto de la perfección.

- Algunos de nosotros ya hemos implementado varios elementos de este estilo de vida. Otros tenemos pocas o ninguna de estas llaves implementadas. Para aquellos que ya han iniciado este camino, en lugar de asumir que ya están cumpliendo con todo lo que Dios pedía, deben llevar cada una de estas llaves espirituales al Espíritu Santo, y permitirle que les lleve a una mayor profundidad. Para cada llave espiritual existe siempre un lugar más profundo al que Dios nos puede llevar, sin importar el tiempo que hemos estado caminando con él.

- Considera tomar sólo una llave espiritual a la vez y permite al Espíritu Santo que te lleve a una mayor profundidad en ella, hasta que él realmente haya abierto una puerta que te permita acercarte más al corazón de Dios. Una vez que esa llave espiritual está en su lugar, continúa con la siguiente, y luego la otra que sigue. De esta forma, estás permitiendo al Espíritu Santo que te conduzca en una trayectoria más profunda con él, la cual va a durar el resto de su vida. Ese es el objetivo. El objetivo no es movernos rápidamente tratando recoger cada una de las llaves de manera fortuita, para que se pierdan en cuestión de días o semanas. Nuestra esperanza es que permitamos al Espíritu Santo construir un patrón o estilo para andar en sus pasos, y que traiga como resultado que estas llaves espirituales continúen profundizándose en nosotros por el resto de nuestras vidas.

Preguntas para discusión

1. De cada una de las 5 llaves espirituales mencionados en este capítulo, ¿cuál sientes que estás poniendo en práctica por sobre las otras? ¿Qué te parece esto y cómo esta llave espiritual ha impactado tu vida cuando la has puesto en práctica?
2. De cada una de las 5 llaves espirituales, ¿cuál consideras que estás practicando menos en este momento? ¿Qué impacto crees que esto ha tenido en tu vida al aplicar menos esta llave espiritual?

Paso de acción

Dedica tiempo para pedir a Dios la forma como él desearía que comenzaras a poner en práctica una de las llaves espirituales. Puedes considerar elegir alguna en la que te sientas más débil, o simplemente permite que el Espíritu te guíe donde él quiere que comiences. Anota cualquier paso (o pasos inmediatos) que él te pida que inicies y pongas en práctica.

_____

_____

_____

Enfoque de oración

Sólo Dios puede implementar estas "llaves espirituales" en nuestras vidas de forma que permanezcan vibrantes y vivas, como parte de nuestro actual estilo de vida. Toma tiempo para orar por esto, pidiendo el Espíritu de Dios que te enseñe cómo utilizar estas llaves a fin de prepararte para dar más frutos.

Padre, te doy gracias porque me has dado medios espirituales para acercarme a ti. Yo deseo de aprender lo que significa poner estas llaves espirituales en práctica en todas las áreas de mi vida. Confieso que no he estado practicando_____.
(Comparte aquellas áreas que no has estado poniendo en práctica. Toma la decisión de arrepentirte y aceptar poner estas llaves espirituales en práctica).

Te pido que me enseñes a ordenar mi vida de tal manera que dedique más tiempo para que estemos juntos. Gracias por escuchar mi oración y enseñarme las formas que me permiten acercarme a ti. ¡Te amo!

(Comparte tu corbazón con Dios considerando lo que él te haya revelado a través de este capítulo.)

Capítulo 7 - El fruto de una vida fortalecida por el Espíritu Santo - Parte 1

Venciendo las tinieblas

Si estamos verdaderamente fortalecidos por el Espíritu del Dios Vivo, ¿qué clase de frutos deberíamos ver en nuestras vidas? Aunque todos somos obras en progreso, es provechoso conocer el nivel de fertilidad que Dios desea para nosotros. Al comparar los frutos que se esperan de nosotros con los frutos que actualmente estamos experimentando, Dios puede usar el resultado de esa comparación para traernos convicción, arrepentimiento, y un nuevo estilo de vida.

Previamente discutimos que la meta del reino de las tinieblas es llevarnos a la esclavitud de la carne, del sistema del mundo, del sistema religioso y de las fuerzas demoníacas. Por lo tanto, cuando le damos al Espíritu de Dios más libertad, en y a través de nosotros, comenzamos a ser liberados de cada una de las trampas del enemigo.

1. Fruto espiritual: Un estilo de vida que supera la carne

"Digo, pues, andad por el Espíritu, y no satisfagáis los deseos de la carne. Porque el deseo de la carne es contra el Espíritu, y el del Espíritu es contra la carne; y éstos se oponen entre sí, para que no hagáis lo que quisiereis". Gálatas 5:16-17

Por razones obvias, si andamos en la Vida de Cristo debemos permitir que el Espíritu de Dios supere nuestra carne. La carne y el Espíritu de Dios "están en oposición el uno al otro". Un fruto que debemos esperar, cuando nos rendimos completamente a Dios, es que Su Espíritu supere nuestra carne (nuestro orgullo e incredulidad). Con el tiempo, esta victoria debe de ser tan consistente que llegue a convertirse en la norma en nuestras vidas.

"Porque si vivís conforme a la carne, moriréis; mas si por el Espíritu hacéis morir la obras de la carne, viviréis". Romanos 8:13

Vemos que la Palabra de Dios no nos da otra opción. O aprendemos lo que significa que el Espíritu haga "morir nuestra carne", o de lo contrario moriremos del todo. Felizmente, Dios nos ha dado la solución perfecta para nuestra naturaleza pecaminosa. Todo creyente nacido de nuevo en Jesucristo ha recibido el Espíritu Santo de Dios, que trae consigo una nueva naturaleza que anhela agradarle a él. La naturaleza del Espíritu Santo es de humildad que extirpa y remueve el orgullo de nuestra naturaleza pecaminosa. El Espíritu Santo tiene fe como la de un niño en el Padre, una fe que remueve la incredulidad que teníamos en nuestros corazones hacia Dios. De esta manera, la Vida en Cristo vence la naturaleza pecaminosa.

Hay un hermoso lugar en el Espíritu de Dios donde desechamos nuestro entendimiento humano corrompido, a tal punto que todo lo que deseamos es la voluntad y los caminos de Dios. Cuando rechazamos nuestra propia sabiduría prefiriendo la sabiduría del Señor, comenzamos a experimentar al Espíritu Santo derramándose en nosotros cada vez más abundantemente. En lugar de luchar con todas nuestras fuerzas, para vivir en victoria sobre el pecado, el Espíritu logra esa victoria por nosotros. Ese lugar de descanso victorioso está disponible para cada hijo de Dios.

Instrucciones prácticas para un estilo de vida que supera la carne

Si no permitimos que el Espíritu Santo de Dios supere en nosotros la carne "mundanal" y la carne "religiosa", éstas serán una constante piedra de tropiezo, aún cuando deseemos servir al Señor de todo corazón.

- Pregúntale a Dios como desea él que tus apetitos humanos se rindan a Su Espíritu, al punto que dejen de tener control sobre tu vida. Si vemos que alguno de nuestros apetitos humanos está tratando de gobernar nuestras vidas, entonces sería bueno considerar el ayuno.

El ayuno de alimentos es una manera de ver nuestros deseos carnales sometidos al Espíritu de Dios. Mientras ayunamos (ya sea medio día, todo el día, o varios días) el poder de nuestra carne se quiebra y es sometido. Puedes pedir al Señor que te revele que método de ayuno puedes practicar para mantener tu carne bajo el control del Espíritu como un estilo de vida. (Nota: Por razones médicas algunas personas no deben practicar un ayuno de líquidos solamente. Si consideras que ese es tu caso, pregúntale a tu médico antes de comenzar a ayunar). Aunque esto no parezca cómodo al principio, muchas personas son capaces de ayunar. De hecho, Jesús nos enseñó diciendo: "Cuando ayunes", no dijo: "Si tu ayunas", e incluyó esto en sus instrucciones sobre la "ofrenda" y la "oración" (Mateo 6:1-18).

- Examina, en oración, los programas de entretenimiento que has estado mirando y/o escuchando. Rechaza los programas televisivos y las películas que no posean valores eternos. Rechaza cualquier programa que no verías si Dios estuviera presente contigo, aunque lo cierto es que él está siempre presente. Toma el tiempo que dedicarías a ver estos programas y úsalo para llenarte de las cosas de Dios. No estás superando tu carne con tus propias fuerzas, pero de tu decisión depende que haya una diferencia. Permite al Espíritu de Dios que te guíe y te ayude a vencer tu naturaleza carnal.

- Toma tiempo y deja que el Espíritu de Dios te muestre de qué forma estás aún procurando vivir la Vida de Cristo por tus propios esfuerzos o habilidad.

- Cuando Dios te revele algo, o te muestre pasos específicos que debes dar, escríbelo e inclúyelo en tu lista de oración. Mientras oras por lo que el Señor te revele, él te irá concediendo la victoria en cada asunto. El Espíritu de Dios te mostrará como vencer tus deseos y forma de vivir humanos. Mientras él te guía en esto, te irás dando cuenta de que la Vida de Cristo irá fluyendo en y a través de ti.

2. Fruto espiritual: Un estilo de vida que vence el sistema del mundo y el sistema religioso

"No améis al mundo, ni las cosas que están en el mundo. Si alguno ama al mundo, el amor del Padre no está en él". 1 Juan 2:15

Aquí Juan hace referencia a la necesidad de abandonar la búsqueda de valores temporales, si en verdad estamos poseídos por el amor de Dios. El sistema del mundo nos empuja a vivir nuestras vidas sólo para nosotros y para nuestros placeres. El sistema religioso nos dice que debemos lucir bien a los ojos de nuestros semejantes, y que tratemos de hacer cosas para Dios por nuestros propios esfuerzos. Cuando el Espíritu de Dios comienza a guiarnos, en cada uno de los aspectos de nuestras vidas, morimos al deseo por los placeres temporales, abandonamos el deseo de ser aprobados por nuestros semejantes, desechamos los intentos de vivir una vida piadosa aparte de Cristo, y comenzamos a vivir inspirados en el poder del Espíritu de Dios. El Espíritu de Dios no hace cosa alguna sin tener en mente propósitos eternos. Por lo tanto, si él en verdad está viviendo Su vida a través de nosotros, encontraremos que nuestros deseos están, cada vez más, enfocados en lo eterno.

Usando nuestro tiempo guiados por el Espíritu

"Enséñanos a contar nuestros días para que traigamos al corazón sabiduría". Salmo 90:12

Si en algo debemos ver el Espíritu de Dios concediéndonos liberación, es en el uso de nuestro tiempo. Esa es una de las principales formas utilizadas por el sistema del mundo y el sistema religioso para mantenernos en esclavitud. El uso que hacemos de nuestro tiempo refleja cómo vivimos nuestras vidas. Si el enemigo logra desconectarnos del Espíritu de Dios, a través de la manera de usar nuestro tiempo, quedaremos totalmente inefectivos. Cuando el Espíritu de Dios comienza a tomar control de nuestras vidas, podemos verle enseñándonos a emplear, de manera efectiva, el tiempo que Dios nos ha dado.

Cuando nuestros corazones están entregados verdaderamente a Dios, entonces deseamos agradarle a él. Deseamos honrarle con la manera de usar nuestro tiempo. Y la mejor forma de redimir nuestro tiempo es permitiendo que el Espíritu Santo dirija cada minuto de nuestro día.

Una vez que nuestras vidas están completamente rendidas a Jesús, nuestro tiempo ya no es nuestro, sino de Dios. Por lo tanto, no desearemos desperdiciar ni un minuto de Su tiempo en cosas que serán quemadas en el día final. Al buscar al Espíritu de Dios, en lo que se refiere al empleo de nuestro tiempo, estamos intencionalmente procurando la distribución apropiada del mismo. Esto es mucho más que administración del tiempo: cuando las personas llegan puntualmente a sus citas y tienen sus calendarios ocupados con actividades cada minuto del día. Esto se refiere a "mirar cada cosa a través de lentes eternos", pidiéndole al Espíritu Santo que nos enseñe lo que significa "contar nuestros días".

"Pero de ninguna cosa hago caso, ni estimo preciosa mi vida para mí mismo, con tal que acabe mi carrera con gozo, y el ministerio que recibí del Señor Jesús, para dar testimonio del evangelio de la gracia de Dios". Hechos 20:24

odo lo que hagamos debemos comenzar a pasarlo por un filtro para ver si nuestras actividades son parte de lo que Dios nos ha llamado a hacer. Esto podemos aplicarlo a un individuo, una familia, un negocio, o una congregación local. Más que una simple disciplina esto es un cambio en las prioridades de nuestro corazón que viene cuando rendimos cada aspecto de nuestras vidas a Jesucristo.

A medida que vamos permitiendo que el Espíritu Santo elimine de nuestras vidas las actividades que no tienen valor eterno, vamos viendo como nuestro tiempo se va llenando con las cosas eternas, en lugar de lo que es meramente temporal. En el Día del Juicio Final estaremos agradecidos de que hicimos ajustes en nuestro estilo de vida, y no desperdiciamos ni un segundo del tiempo que Dios nos confió.

"La obra de cada uno será manifiesta, porque el día la declarará, pues por el fuego será revelada; y la obra de cada uno cual sea, el fuego la probará". **1 Corintios 3:13**

Testimonio personal

Bien temprano en mi relación con Jesús, él puso en mi corazón esta oración: "Usa mi vida el día de hoy para que seas glorificado". Mi deseo era que cada segundo de mi vida fuera usado de la manera más efectiva posible, para que Jesús recibiera toda la gloria que merece. ¡Qué el Señor permita que, en cada uno de nosotros, arda ese deseo y lo pongamos en práctica!

Instrucciones para un estilo de vida usando nuestro tiempo guiados el Espíritu

- Dedica tiempo a permitir que el Espíritu de Dios te ayude a confeccionar tu agenda de cada día. Permite que te muestre cuanto tiempo debes estar a solas con él diariamente, cuánto tiempo dedicar a tu familia, amigos, trabajo etc. Lo cierto es que desde el preciso momento que entregamos nuestras vidas a Jesús, nuestro tiempo ya no nos pertenece, es suyo. Debemos, regularmente, hacer un alto y preguntarle si estamos usando su tiempo con sabiduría, y si hay algunos ajustes que él desearía que hiciéramos.

- Toma nota de cualquier dirección específica que Dios te señale acerca del uso apropiado del tiempo. Esto te permitirá re-evaluar, y poner en práctica, aquellas cosas que él comparta contigo.

- Asegúrate, con regularidad, en qué punto te encuentras en cuanto al uso del tiempo. ¿Estás viviendo con la conciencia plena de que solamente el tiempo que usaste bajo el poder del Espíritu de Dios permanecerá en el Día del Juicio? O, ¿Aún quedan áreas en tu vida en las que malgastas el tiempo? O, ¿realizas actividades contando con tus propias fuerzas y entendimiento, incluidas labores en algún ministerio?

Impactando cada esfera de la sociedad con el Evangelio

Sólo cuando hemos sido liberados del sistema del mundo tenemos verdadera autoridad para llamar a otros a que sean liberados ellos mismos. Cuando dejamos que el Espíritu de Dios nos libere, estamos preparados para impactar las esferas de influencia de las que Dios nos ha permitido ser parte:

- Matrimonio/Familia
- Mercado/Negocios
- Gobierno
- Sistema de Creencias (Educación, Media, Arte)
- Pastorado/Adoración

Ocupados en la misión de Dios

"Él les dijo: Yo tengo una comida que comer, que vosotros no sabéis. Entonces los discípulos decían unos a otros: ¿Le habrá traído alguien de comer? Jesús les dijo: Mi comida es que haga la voluntad del que me envió, y que acabe su obra". Juan 4:32-34

"Trabajad, no por la comida que perece, sino por la comida que a vida eterna permanece, la cual el Hijo del Hombre os dará; porque a este señaló Dios el Padre". Juan 6:27

Como siervos de Dios, ¿qué tipo de vida hemos sido llamados a vivir?

Ahora que hemos muerto a todo lo era parte de nuestra naturaleza egoísta, tenemos una sola razón para vivir y es para la gloria de Dios. Dios nos ha llamado a hacer discípulos en todas las naciones (Mateo 28:18-20). Si vamos a participar en la labor de hacer discípulos en las naciones, entonces el fruto que debemos comenzar a ver es que la voluntad y los caminos de Jesucristo comiencen a llenar cada esfera de influencia que Dios nos ha confiado. Al ser liberados del sistema del mundo tenemos la autoridad para decir a otros que no vivan sólo para los placeres temporales, sino que busquen los tesoros eternos. La razón por la cual la Iglesia, en algunas partes del mundo, tiene poco poder para impactar su cultura, es que se han amoldado a su cultura y no tienen autoridad para llamar a otros que siguen atados a los sistemas del mundo.

"No hablaré ya mucho con vosotros; porque viene el príncipe de este mundo, y él nada tiene en mí". Juan 14:30

Jesús estaba declarando que aunque Satanás venía por él, Satanás no tenía nada en él. No había área alguna de su vida comprometida con el maligno. No había fundamento legal alguno para que el maligno viniera contra él. Y, ¿Qué acerca de ti y de mí? ¿Es ese el caso en nuestras vidas?

¿Hemos muerto a las costumbres del mundo y a los placeres temporales de esta vida al punto que podemos afirmar categóricamente: "Satanás nada tiene en mí"?

Esta es la clave para impactar el matrimonio y las relaciones en la familia. Esta es la clave para transformar nuestros lugares de trabajo, oficinas de gobierno, escuelas y medios de comunicación. Mientras nuestras vidas estén regidas por los parámetros del sistema del mundo, no seremos capaces de producir el impacto que Dios quiere que tengamos. Si por el contrario, permitimos que Su Espíritu nos ayude a vencer los dictámenes del sistema del mundo, llegará el momento que él nos envíe a influenciar a otros, en una forma que jamás hubiéramos podido, si todavía conserváramos las ataduras a las cosas del mundo.

"Y se admiraban de su doctrina; porque les enseñaba como quien tiene autoridad, y no como los escribas". Marcos 1:22

La gente estaba asombrada por la "autoridad" conque Jesús hablaba. ¿Por qué piensas que Jesús tenía autoridad? Vemos que los maestros de la Ley también instruían a las personas, pero no tenían autoridad. ¿Por qué?

La autoridad descansa en una vida que verdaderamente vive lo que comparte con los demás. Si queremos compartir algo con autoridad debemos, entonces, vivirlo primero nosotros mismos, o no tendremos autoridad. Somos hipócritas cuando decimos a otros que hagan lo que nosotros no estamos dispuestos a hacer (Mateo 23:13).

Si deseamos compartir el Evangelio de Jesucristo con aquellos en nuestro círculo o esfera de influencia, esto sólo será efectivo cuando andemos en la autoridad que viene de una vida entregada a Dios. En ese lugar de total rendición y confianza se encuentra la autoridad que es capaz de derribar los bastiones de Satanás y liberar a los cautivos. Autoridad para compartir la Palabra de Dios con otros, para que los ciegos reciban la vista y los sordos escuchen, y todos reciban al Rey de Gloria.

Imagina el poder de una vida que verdaderamente ha muerto para sí, y en lugar de vivir para los placeres temporales del mundo o los aplausos del sistema religioso ahora vive cada minuto del día dedicada a los propósitos eternos de Dios. Eso nos lleva a vislumbrar el impacto que la Iglesia, equipada en un "estilo de vida fortalecido por el Espíritu Santo", puede producir en una región entera. Esto puede ser el fermento que inicie la transformación de toda la sociedad.

3. Fruto espiritual: Un estilo de vida capaz de discernir y vencer la oposición de Satanás

"Sed sobrios, y velad, porque vuestro adversario el diablo, como león rugiente, anda alrededor buscando a quien devorar; al cual resistid firmes en la fe, sabiendo que los mismos padecimientos se van cumpliendo en vuestros hermanos en todo el mundo".
1 Pedro 5:8-9

A medida que adoptamos un estilo de vida de permanencia en el Espíritu de Dios, vamos siendo más sensitivos para detectar las artimañas que Satanás quiere usar para atacarnos. Debemos percatarnos de las tácticas que el enemigo está usando en contra nuestra si queremos combatirlo con efectividad, y alcanzar la victoria que Cristo Jesús ha comprado para nosotros. Algunas partes del Cuerpo de Cristo han estado adormecidas viviendo en falsa complacencia en lo que se refiere a la guerra espiritual, pero la Biblia claramente ilustra la realidad de la guerra espiritual invisible rugiendo a nuestro alrededor (Daniel 10:5-14, Efesios 6:12). Al igual que en una guerra física, una unidad militar que desconoce la estrategia que el enemigo está planeando para atacarla, estará en una situación muy vulnerable. Fácilmente puede ser sorprendida y derrotada. Como un hombre ciego en una pelea, esa unidad será un blanco fácil, pues no sabrá la forma en que el enemigo la atacará.

Para estar conscientes de lo que Satanás está planeando contra nosotros, debemos pedir al Espíritu de Dios que nos lo revele. En los tiempos bíblicos, cuando los Israelitas estaban a punto de entrar a la Tierra Prometida, el Señor habló a Moisés y le dijo que enviara espías para saber dónde estaban situados los campamentos del enemigo.

"Los envió, pues, Moisés a reconocer la tierra de Canaán, diciéndoles: "Subid de aquí a Neguev, y subid al monte, y observad la tierra cómo es, y el pueblo que la habita, si es fuerte o débil, si poco o numeroso; cómo es la tierra habitada, si son campamentos o plazas fortificadas; y cómo es el terreno, si es fértil o estéril, si en él hay árboles o no; y esforzaos, y tomad del fruto del país". Y era el tiempo de las primeras uvas". **Números 13:17-20**

Estos versos revelan un detallado análisis del territorio al que Dios había ordenado, a los israelitas, entrar a pelear para conquistarlo. Los espías enviados identificaron fortalezas en la tierra, zonas vulnerables donde el enemigo podría ser derrotado, y examinaron el fruto de la tierra. Ese informe serviría para fortalecer la fe del pueblo, que podría creer a Dios por la promesa de esta buena tierra fluía leche y miel.

También nosotros como individuos, familias, congregaciones, esferas de influencia, así como en nuestras ciudades y regiones, debemos ser capaces de identificar las estratagemas que Satanás ha colocado contra nosotros y la gente de la tierra, a fin de ver con claridad como Dios desea derrotarlo. A medida que el Espíritu de Dios te revele cada área por donde Satanás piensa atacar, debes escribirlas y presentarlas al Señor en oración. Podemos creer que Dios nos dará sabiduría y entendimiento para saber cómo nos hará salir victoriosos.

"Y al vencedor, al que guarda mis obras hasta el fin, yo le daré autoridad sobre las naciones". Apocalipsis 2:26

¿Puede el sacerdocio santo vencer verdaderamente al sacerdocio profano?

Para responder esta pregunta necesitamos fijar nuestra atención en el profeta Elías. Un sacerdote santo, Elías, contra 850 sacerdotes paganos (1 de Reyes 18:19). Ellos hicieron uso de todo lo que sabían para invocar a sus dioses e invitar a los demonios a que les asistieran con poder. Pero el poder de un hombre justo, de acuerdo con Dios, fue más grande que todos ellos juntos. Elías construyó un altar al Señor, y Dios respondió enviando Su fuego.

"Y acercándose Elías a todo el pueblo, dijo: ¿Hasta cuándo claudicaréis vosotros entre dos pensamientos? Si Jehová es Dios, seguidle; y si Baal, id en pos de él. Y el pueblo no respondió palabra". 1 de Reyes 18:21

"Entonces dijo Elías a todo el pueblo: Acercaos a mí. Y todo el pueblo se acercó; y él arregló el altar de Jehová que estaba arruinado. Y tomando Elías doce piedras, conforme al número de los hijos de Jacob, al cual había sido dada palabra de Jehová diciendo, Israel será tu nombre, edificó con las piedras un altar en el nombre de Jehová". 1 de Reyes 18:3-32

"Respóndeme, Jehová, respóndeme, para que conozca este pueblo que tú, oh Jehová, eres el Dios, y que tú vuelves a ti el corazón de ellos. Entonces cayó fuego de Jehová, y consumió el holocausto, la leña, las piedras, y el polvo, y aun lamió el agua que estaba en la zanja. Viéndolo todo el pueblo, se postraron y dijeron: ¡Jehová es el Dios, Jehová es el Dios! Entonces Elías les dijo: Prended a los profetas de Baal, para que no escape ninguno. Y ellos los prendieron; y los llevó Elías al arroyo de Cisón, y allí los degolló".
1 de Reyes 18:37-40

Dios es el mismo ayer, hoy, y por siempre. Si un sacerdote santo pudo conquistar a una nación de sacerdotes impíos, entonces lo mismo puede suceder hoy. En el Nuevo Pacto, introducido a través de la sangre de Cristo, nuestra batalla no es contra otros seres humanos, sino contra las fuerzas espirituales de maldad en los cielos. Si un hombre, lleno de la Vida de Dios, pudo enfrentar los poderes espirituales de una nación, nosotros podemos también. En muchas partes del mundo se escuchan testimonios de como el Reino de Jesucristo ha rechazado y derrotado el reino de las tinieblas. ¿Por qué no aquí? ¿Por qué no ahora?

"La oración eficaz del justo puede mucho". Santiago 5:16

"¿Qué, pues, diremos a esto? Si Dios es por nosotros, ¿quién contra nosotros?". Romanos 8:31

Instrucciones prácticas para un estilo de vida discerniendo y venciendo la oposición satánica

- Como quiera que la batalla espiritual es en gran parte invisible, debemos apoyarnos en el Espíritu Santo para que nos revele las tácticas que el enemigo está usando en contra nuestra. Toma tiempo para permitir que el Espíritu de Dios te revele las tácticas de Satanás.

- A medida que Dios te vaya revelando los planes del maligno, toma nota de ello y ora sin cesar contra sus intenciones. Jesús afirmó que a él le ha sido dada toda autoridad. Cuando nosotros rendimos nuestras vidas completamente a él estamos en posición de ejercitar la autoridad que Jesucristo nos concede para enfrentar todo poder y tretas que el enemigo tenga en contra nuestra.

- Ten la absoluta certeza de que el Espíritu Santo es más que capaz de arrancar y remover cualquier cosa que el enemigo haya estado planeando en contra de nosotros. ¡Somos más que vencedores a través de Jesucristo! (Rom. 8:37)

El fruto de los vencedores

Cuando permitimos que el Espíritu de Dios nos conduzca a la victoria sobre nuestra carne, el sistema, y el enemigo, estamos en condiciones de ser usados por Dios para afectar las vidas de los que están a nuestro alrededor. Podemos preguntar al Espíritu Santo cómo desea él que comencemos a impactar nuestras familias, nuestra congregación local y nuestra esfera de influencia. Podemos orar acerca de cómo Dios quiere que compartamos nuestra fe con aquellos que no conocen a Jesús, y como discipular a los que ya han alcanzado conocer a Cristo. En el próximo capítulo discutiremos como este estilo de vida de evangelización, discipulado y amor incondicional es un arma poderosa en las manos de Dios.

Preguntas para discusión

1. ¿En qué forma has experimentado al Espíritu de Dios venciendo tu naturaleza carnal/pecaminosa?
2. ¿Cómo te ves a ti mismo en esa lucha con tu carne?
3. ¿En qué forma has experimentado al Espíritu de Dios venciendo el sistema del mundo?
4. ¿Cómo te ves a ti mismo en esa lucha contra el mundo?
5. ¿En qué forma has experimentado al Espíritu de Dios discerniendo y venciendo la oposición espiritual?
6. ¿Cómo te ves a ti mismo en esa lucha por vencer la oposición espiritual?

Pasos de acción

Toma tiempo para preguntarle a Dios cómo te ayudará a ser un vencedor más eficaz.

Escribe cualquier cosa que él te esté pidiendo, y aplícalo en la práctica.

Venciendo la carne

_____

_____

Venciendo el sistema del mundo/Sistema religioso

_____

_____

_____

Venciendo la oposición espiritual

_____

_____

_____

Enfoque de oración

Sólo Dios puede vencer y ayudarnos a vivir en victoria frente a los impedimentos para Su Reino. Toma tiempo para orar sobre esto, y para pedir al Espíritu de Dios que te muestre cómo desea él vivir una vida victoriosa en y a través de ti.

Padre, te doy gracias porque a través de la vida, muerte y resurrección de tu Hijo has comprado una victoria absoluta para mí. Te doy gracias porque has preparado el camino para que yo pueda vencer. Te pido que me muestres cualquier forma en la que he dejado de hacer lo que me has pedido. Me pongo en tus manos y con renovada confianza te pido que me enseñes a vivir una vida victoriosa. (Continúa orando según el Espíritu de Dios te dirija)

Capítulo 8: El fruto de una vida fortalecida por el Espíritu Santo - Parte 2

Evangelismo, discipulado y amor

Cuando todavía estamos sometidos a una vida física, al mundo y al enemigo, resulta difícil incluso comenzar a ayudar a otros. Carecemos de verdadera autoridad para invitarlos a ser libres cuando estamos viviendo en servidumbre. Según el Espíritu nos hace libres, somos simultáneamente liberados para que Dios nos use en ayudar a los demás. Al observar la esfera de influencia que Dios nos confía, es útil estar equipados en tres áreas clave: Evangelismo, discipulado y amor.

Un estilo de vida fortalecido por el Espíritu Santo nos prepara para un evangelismo efectivo

"Predica la palabra; insiste a tiempo y fuera de tiempo; redarguye, reprende, exhorta, con paciencia e instrucción".
2 Timoteo 4:2

"Santificad a Dios el Señor en vuestros corazones, y estad siempre preparados para presentar defensa con mansedumbre y reverencia ante todo el que os demande razón de la esperanza que hay en vosotros; teniendo buena conciencia, para que en lo que murmuran de vosotros como de malhechores, sean avergonzados los que calumnian vuestra buena conducta en Cristo". 1 Pedro 3:15-16

En tanto no todos están llamados a ser evangelistas, como Pedro menciona aquí, somos llamados a "estar preparados para responder" a aquellos que nos pregunten acerca de la esperanza que tenemos. Pablo habla de estar listo para hablar sin miedo a fin de proclamar las buenas nuevas de Jesucristo en cada situación en cualquier momento. (Efesios 6:19-20). Este estilo de vida de evangelismo es más que simple cuando se procura específicamente hablar de Cristo a aquellos que no lo conocen, pero habla de una fe que florece en cada situación desde la mañana a la noche. Podemos compartir a Jesús a través de nuestras palabras, así como a través de nuestro servicio. Cuando vivimos nuestras vidas personales en victoria, estamos en posición para ser testigos efectivos del Reino de Dios. Debemos experimentar un deseo de buscar oportunidades de compartir la razón de la esperanza que tenemos en Jesús.

Vivir de esta manera nos protege de ser apáticos en nuestra fe, y nos alienta a andar en una intimidad vibrante con Dios que resulta atractiva a aquellos que él trae a nuestras vidas. Debemos siempre aprovechar al máximo cada oportunidad, sea en el área en que vivimos, en un negocio, en la escuela, al andar en nuestro camino o entre familiares y amigos en nuestra casa.

"Oren también por mí, a fin de que al abrir mi boca me sea dada palabra para dar a conocer con denuedo el misterio del evangelio, por el cual soy embajador en cadenas; que con denuedo hable de él, como debo hablar". Efesios 6:19-20

"El que gana almas es sabio". Proverbios 11:30

¿Estamos salvando regularmente almas para el Reino de Dios? ¿Vivimos conscientes de que si las almas de los que nos rodean no llegan a conocer a Jesucristo permanecerán eternamente en el infierno? ¿Qué nivel de urgencia tenemos hacia los perdidos? ¿Cuándo fue la última vez que hurgamos profundamente en el corazón de Dios que "desea que todos los hombres se salven y alcancen el conocimiento de la verdad?"

Instrucciones prácticas para un estilo de vida de evangelismo efectivo

- Considera pedirle al Espíritu de Dios que te dé al menos de 5 a 10 nombres de familiares, amigos y conocidos que no se hayan salvado, a fin de que puedas orar regularmente por su salvación. Haz una lista de esos nombres y mantenlos en tu Biblia o en un sitio en que lo veas con regularidad. Ora por ellos con la regularidad que el Espíritu de Dios te indique.

- Hazte disponible diariamente para que el Espíritu de Dios te use, dejándole saber cada día que estás dispuesto a que él te utilice para compartir las Buenas Nuevas de Jesucristo con otros. Al estar disponible para que él te use, él creará la oportunidad para que compartas Su mensaje. Si oras regularmente de esta manera, encontrarás que puertas increíbles se abren para que compartas tu fe.

- Considera grabar las respuestas a tu oración. Estas pequeñas y grandes victorias te servirán como estímulo para seguir creyendo que Dios usará tu vida como un canal de sus Buenas Nuevas.

Un estilo de vida fortalecido por el Espíritu Santo nos prepara para un discipulado efectivo

"Y Jesús se acercó y les habló diciendo: Toda potestad me es dada en el cielo y en la tierra. Por tanto, id, y haced discípulos a todas las naciones, bautizándolos en el nombre del Padre, y del Hijo, y del Espíritu Santo; enseñándoles que guarden todas las cosas que os he mandado; y he aquí yo estoy con vosotros todos los días, hasta el fin del mundo". **Mateo 28:18-20**

Jesús no nos pidió sólo que convirtiéramos a otros sino que los hiciéramos discípulos. Jesús nos dijo que la manera de hacer discípulo a un individuo, a nuestra familia y a nuestra esfera de influencia es un proceso de enseñarles "que guarden todas las cosas que os he mandado". Es difícil enseñar a otros a guardar todo lo que Jesús nos ha mandado cuando nosotros mismos todavía no estamos entregados a ese estilo de vida.

Cuando el Espíritu Santo comienza a llevarnos a la realidad de entregarnos plenamente a su voluntad y maneras, estamos siendo preparados para convertirnos en instructores de otros. Según buscamos estimular a los que nos rodean a adoptar un estilo de vida de abandono radical ante Jesús, podemos encontrar valor en su última declaración en Mateo 28, donde nos prometió que estaría con nosotros siempre, "hasta el fin del mundo".

No te sorprendas si tu manera de hacer discípulos no es muy glamorosa ante los ojos del mundo o incluso del sistema religioso. El sistema religioso de nuestros días a menudo presenta una imagen exagerada de cómo luciría un ministerio exitoso. Tristemente, esta imagen del éxito en los ojos de otras personas está a menudo en contradicción directa con las maneras de Dios.

Jesús nos sirvió de modelo de cómo luce una vida de discipulado. Con una visión masiva de hacer discípulos a todas las naciones, él tomó una decisión muy interesante de invertir la mayor parte de su vida terrenal en sólo 12 hombres. Vivió en una relación estrecha con ellos y les enseñó sus mandamientos, tanto a través de sus palabras, como, más importante aún, a través de su vida. En este estilo de vida de discipulado, Jesús estableció el fundamento para su Iglesia.

"Lo que aprendisteis y recibisteis y oísteis y visteis en mí, esto haced; y el Dios de paz estará con vosotros". **Filipenses 4:9**

Pablo habló de la necesidad de ser mentores y modelos de un estilo de vida fortalecido por el Espíritu en estrecha relación con los demás. Este mismo patrón de discipulado es simplemente esencial hoy, si hemos de ver el Reino de Cristo establecido en la tierra como en el cielo. El discipulado de nuestras familias debe ser nuestra primera prioridad (1 Timoteo 3:1-2, Tito 1:6-7). Entonces estaremos en posición de hacer discípulos en cualquier otra faceta de la esfera de influencia que Dios nos ha confiado.

Instrucciones prácticas para un estilo de vida de discipulado efectivo

- Pídele al Espíritu de Dios su sabiduría y tiempo sobre si él cree que estás equipado para comenzar a salir y hacer discípulos. Si nuestras propias vidas están aún en una posición de compromiso, sería sabio que esperemos y permitamos a Dios nos haga discípulos a nosotros primero antes de que nos lancemos y procuremos dirigir a otros.

- Mientras tu vida se consagra y vive el estilo de vida fortalecido por el Espíritu, comienza a preguntarle a Dios cómo él desea que tú viertas tu vida en los demás.

- Confía en Dios para que te revele con quienes él quiere que te conectes de esta manera. Aprende a permitirle al Espíritu a hacer discípulos a través de ti. No se trata de que tú hagas discípulos mediante tus propias fuerzas. Se trata de aprender a confiar en él para que haga discípulos a través de ti.

La meta definitiva – Un estilo de vida de amor incondicional

"El que no ama, no ha conocido a Dios; porque Dios es amor". 1 Juan 4:8

Aunque hay muchos frutos del Espíritu, las Escrituras están claras de que ninguno se compara al amor. Amor incondicional o "ágape" no tiene paralelo. Este tipo de amor es la mayor medida de nuestra profunda conexión con Dios. Dios nos ha revelado su carácter de amor, y si deseamos representarlo a él adecuadamente ante el mundo, debemos aprovechar ese amor suyo para nosotros y los demás.

"Y ahora permanecen la fe, la esperanza y el amor, estos tres; pero el mayor de ellos es el amor". 1 Corintios 13:13

"Maestro, ¿cuál es el gran mandamiento de la ley? Jesús le dijo: Amarás al Señor tu Dios con todo tu corazón, y con toda tu alma, y con toda tu mente. Este es el primero y grande mandamiento. Y el segundo es semejante: Amarás a tu prójimo como a ti mismo. De

estos dos mandamientos depende toda la ley y los profetas".
Mateo 22:36-40

La vida fortalecida por el Espíritu es una vida de fe, de esperanza y de amor, pero la mayor indicación de morar con el Espíritu Santo es nuestro nivel de amor. Está claro que Jesús tenía la intención de que el amor fuera la característica primordial que causara que el pueblo de Dios se destacara por encima de cualquier otro pueblo en la tierra. Fue por nuestro amor por Dios y nuestro amor por los demás que los reinos se conquistarían y las naciones se convertirían al discipulado. Nuestro amor por Dios tenía que ser muy superior a nuestro amor por cualquier otra cosa terrenal.

El Evangelio nos llama a morir para nosotros y vivir por los propósitos de Cristo. A fin de vivir por sus propósitos y representarlo adecuadamente como sus embajadores debemos permitir que su norma del amor se convierta en nuestra propia norma del amor. Debemos permitir que el Espíritu de Dios remueva cualquier raíz de amargura que pueda proceder de nuestro pasado. Debemos perdonar como Cristo nos ha perdonado, y pedirle diariamente al Espíritu Santo que nos haga profundizar más en nuestro entendimiento de Su amor por nosotros y Su amor por todos los seres humanos.

(Jesús dijo) "Un mandamiento nuevo os doy: Que os améis unos a otros; como yo os he amado, que también os améis unos a otros. En esto conocerán todos que sois mis discípulos, si tuvieres amor los unos con los otros". Juan 13:34-35

No necesitamos mirar más allá de la falta de amor en la Iglesia para ver nuestra lamentable desconexión de la Vid. Dios es Amor. Cuando un individuo no tiene amor, ello señala hacia su falta de relación con la fuente de todo amor.

"Nosotros lo amamos a él, porque él nos amó primero". (1 Juan 4:19). Pero ¿qué habría pasado si no le hubiéramos permitido a Dios que nos amara? ¿Si hubiéramos rechazado Su amor? Entonces no debe sorprendernos que muchos no creyentes no sientan amor. Ellos no han recibido el amor de Dios por ellos, por lo que no tienen un amor sacrificial que ofrecer a los demás.

Pero ¿qué pasa con aquellos que dicen que siguen a Cristo pero no tienen amor? ¿Qué pasa con los muchos creyentes que se irritan fácilmente, se frustran y no sienten amor todos los días? ¿Será que nosotros también hemos dejado de recibir el amor de Dios por nosotros?

"Todas vuestras cosas sean hechas con amor".
1 Corintios 16:14

"Lo único que cuenta es "la fe que obra por el amor".
Gálatas 5:6

¿Cuándo fue la última vez que le permitiste a Dios revelarte exactamente cuánto te ama?

¿Por qué no tomas tiempo ahora mismo, dejas lo que estás haciendo y permites al Espíritu de Dios mostrarte exactamente cuánto te ama? ¿Le permitirías hacer eso por ti ahora?

Tiempo de oración

Dios te pido que reveles el amor que sientes por mí. (Toma tiempo para esperar por él.)

Espero que hayas tomado tiempo para permitirle a Dios saturarte en su amor por ti. Esto es lo más importante en toda tu vida. Dios es amor. Sólo podemos amar a los demás cuando tenemos una revelación de su amor por nosotros. El amor es el testigo más poderoso de la realidad de Dios. Por tanto, permitirle a Dios amarnos debe convertirse en la más alta prioridad en nuestras vidas.

Desde este lugar de amor, tenemos la vida de Dios necesaria para hacer un impacto en toda circunstancia, no importa cuán difícil sea. "El amor cubrirá multitud de pecados". (1 Pedro 4:8). El amor alienta nueva vida en lugares que estaban muertos. Una vasta multitud en el cielo puede testificar que fue el amor de otro creyente lo que les movió el corazón hacia Jesús.

"Oísteis que fue dicho: Amarás a tu prójimo, y aborrecerás a tu enemigo. Pero yo os digo: Amad a vuestros enemigos, bendecid a los que os maldicen, haced bien a los que aborrecen, y orad por los que os ultrajan y os persiguen; para que seáis hijos de vuestro Padre que está en los cielos, que hace salir su sol sobre malos y buenos, y que hace llover sobre justos e injustos". Mateo 5:43-45

En el Oriente Medio es el amor lo que triunfa y hace que los corazones se vuelvan hacia Cristo. En los países comunistas, es el amor lo que brilla como un faro de luz testificando sobre la realidad de Jesús. En una cultura individualista fría y endurecida en las naciones occidentales es el amor lo que rompe el hielo y rescata almas de la oscuridad eterna hacia la luz eterna. No subestimes el poder del amor. Es el amor lo que obligó al Dios Padre a permitir voluntariamente que Su Hijo muriera en nuestro lugar (Juan 3:16). Es el amor lo que motivó a Jesús a entregar voluntariamente Su vida por la humanidad. Es el amor lo que traerá la exaltación de Jesucristo en las naciones de la tierra.

Si nos percatamos de que el amor es el arma espiritual más poderosa, el medio más efectivo de evangelismo y discipulado, el más raro y necesario recurso en la tierra, entonces nos preguntaríamos: "¿Cómo aumento el nivel de amor en que vivo?"

La respuesta a esta pregunta es bastante simple. Entra más profundamente en la sola y única persona que es el Amor. A diferencia de nuestro deseo por otros dones espirituales, como el del poder de los milagros, o una comprensión más profunda de los eventos futuros, existen fuentes de oscuridad y fuentes de luz. Pero el amor real, genuino, sacrificado e incondicional tiene una única fuente.

Si deseamos retener más de los más preciados bienes en la tierra, debemos entregarnos de manera más plena a Jesús. Debemos permitir que Su vida nos llene, o sea, que ya no seamos nosotros viviendo, sino él viviendo a través de nosotros. Debemos permitirle que nos ame completamente, y permitirle que elimine las áreas de nuestras vidas que están en contradicción con su Espíritu, de manera que seamos recipientes limpios y puros. Así como Su amor nos consume y nos encontramos dispuestos a fundirnos en él, nuestras vidas se presentarán como una hoguera de amor que demuestre a las naciones que Jesucristo está vivo.

¿Comenzarás a permitir que Su gran amor te consuma? ¿Permitirás que él te llene con una revelación más profunda de Su amor por ti? Comienza ahora y no te detengas hasta que él te lleve a casa para estar con él para siempre.

Conclusión

¿Puedes visualizar este estilo de vida de evangelismo, discipulado y amor fluyendo de tu vida personal hacia tu matrimonio y en tu relación con tus hijos? ¿Y en tu centro de trabajo? ¿Y en una congregación completa que comienza a adoptar este estilo de vida? ¿Qué pasaría si el Cuerpo de Cristo en una comunidad o ciudad comenzara a equiparse y ser enviado para lograr este tipo de buen fruto dondequiera que vaya? ¿No podríamos ver ciudades y naciones enteras puestas de cabeza? Permitámosle a Dios obrar este buen fruto en nuestras vidas para que podamos comenzar a compartirlo con los demás.

Preguntas para discusión

1. ¿Vives actualmente como si la única razón por la que estás en la tierra es para dar gloria a Dios? Si no, ¿cuáles son las maneras más comunes que te han apartado de vivir por los propósitos de Dios?

Evangelismo

1. ¿En qué forma has vivido la experiencia del Espíritu de Dios salvando almas perdidas para Cristo a través de tu vida?
2. ¿Cómo crees que el Espíritu de Dios desea salvar aún más almas para sí mismo a través de ti en los próximos días?

Discipulado

1. ¿En qué forma has vivido la experiencia del Espíritu de Dios haciendo discípulos a otros en la voluntad y maneras de Jesucristo a través de tu vida?
2. ¿Cómo crees que el Espíritu de Dios desea hacer discípulos de forma más efectiva a través de ti en el futuro?

Amor

1. ¿En qué forma has vivido la experiencia del Espíritu de Dios amando a otros a través de ti? ¿Te ves a ti mismo de manera consistente viviendo al nivel de amor con que Jesús ama? De no ser así, ¿qué es lo que dificulta que tú ames a los demás como Jesús los ama?
2. ¿Cómo crees que el Espíritu de Dios desea amar a los demás a un nivel mucho más profundo a través de tu vida en el futuro?

Pasos de acción

Toma tiempo para preguntarle a Dios cómo él quisiera que comenzaras a ser mucho más fructífero en tu evangelismo, tu discipulado y tu amor. Haz una lista de los pasos de acción que él te pide que tomes y mediante oración y obediencia ponlos en práctica.

Evangelismo

_____

_____

Discipulado

_____

_____

Amor por los demás

_____

_____

Enfoque de oración

Padre Dios, te necesito. Está claro que separado de ti yo no puedo ayudar a otros a que te conozcan mejor. Tú me has prometido en tu Palabra que si permanezco en ti, daré mucho más fruto para tu gloria. Te pido que me muestres cómo hacer que mi luz brille más luminosamente para que los que me rodean puedan llegar a conocerte. Te pido que me enseñes tus maneras de hacer discípulos a fin de que me puedas usar para ayudar a otros creyentes. Deseo que continúes revelándome tu gran amor por mí para yo tener una abundancia de amor que dar a los demás. Te pido que me concedas una mayor comprensión de tu amor hacia los que me rodean. (Continúa orando según te guíe el Espíritu de Dios.)

Capítulo 9: Estableciendo el Reino de Cristo en matrimonios y familias

Dios es el creador de la institución del matrimonio y la familia. Por lo tanto, no debe sorprendernos el ataque de Satanás, a nivel global, contra los patrones bíblicos del matrimonio y la familia. Esta batalla se ha propagado a casi todas las naciones del planeta. Satanás está utilizando, primordialmente, los medios publicitarios en su intento por desmantelar la unidad de la familia. Está manipulando la información y utilizando de forma sutil el adulterio, la fornicación, el divorcio, la homosexualidad, y otras cosas por el estilo, para desacreditar los valores del matrimonio y la familia.

A lo largo de la historia de la humanidad la unidad de la familia ha sido el fundamento de cada nación, y su estabilidad o inestabilidad han producido, respectivamente, el florecimiento y la caída de muchos imperios. En las últimas décadas, tanto el matrimonio como la crianza de los hijos en la voluntad y los caminos de Dios, han estado bajo un recio y constante ataque. El enemigo de nuestras almas sabe que si nuestros hogares se mantienen intactos, entonces estaremos espiritualmente preparados para tomar autoridad sobre la nación donde vivimos. Pero a la vez está consciente de que si fracasamos en nuestros hogares seremos débiles e incapaces de llevar el Reino de Dios a otros. (1 Timoteo 3:1-2, 12; Tito 1:6-7).

Es imprescindible conocer cuál fue la intención original de Dios al instituir el matrimonio y la familia, a fin de percatarnos de cuan alejados estamos del deseo de Su corazón. Cada cultura de este mundo tiene sus costumbres en lo que respecta al matrimonio, pero para el seguidor de Jesucristo el único patrón válido es el que ofrece la Palabra de Dios. Cada una de nuestras modalidades culturales debe rendirse a los criterios del Reino de Dios. Y a la vez que ponemos en alto el patrón de Dios para el matrimonio y la crianza de los hijos, debemos humillarnos y comenzar a buscar Su Santo Espíritu para alcanzar una mayor comprensión de su voluntad, a fin de que nuestros matrimonios y familias comiencen a cumplir con los propósitos de Dios en nuestros días. Aún cuando no estemos casados, o no hayamos tenido una buena experiencia en nuestras relaciones familiares, será de gran ayuda conocer la intención de Dios para nuestro matrimonio y nuestra familia a fin de saber por lo que debemos orar en nuestra nación.

¿Cuál era la intención de Dios al establecer el matrimonio?

"Y dijo Dios: "Hagamos al hombre a nuestra imagen, conforme a nuestra semejanza; y ejerza dominio sobre los peces del mar, sobre las aves del cielo, sobre los ganados, sobre la tierra, y sobre todo reptil que se arrastra sobre la tierra". Creó, pues, Dios al hombre a imagen suya, a imagen de Dios lo creó, varón y hembra los creó. Y los bendijo Dios y les dijo: "Sed fecundos y multiplicaos, y llenad la tierra y sojuzgadla; ejerced dominio sobre los peces del mar, sobre las aves del cielo, y sobre todo ser viviente que se mueve sobre la tierra". Génesis 1:26-28

El deseo de Dios para el matrimonio era que la relación entre esposos fuera una representación terrenal del amor y la unidad que existe en la Trinidad. ¡Ni más ni menos, ese es un patrón imprescindible para el matrimonio!

- ¿Qué clase de amor y unidad existen en la Trinidad?
- ¿Se preocupan los miembros de la Trinidad de sus propios derechos?
- ¿Acaso alguno de los miembros de la Trinidad se preocupa por sí mismo más que por los otros?

"Las mujeres estén sometidas a sus propios maridos como al Señor. Porque el marido es cabeza de la mujer, así como Cristo es cabeza de la Iglesia, siendo él mismo el Salvador del cuerpo. Pero así como la Iglesia está sujeta a Cristo, también las mujeres deben estarlo a sus maridos en todo. Maridos, amad a vuestras mujeres, así como Cristo amó a la Iglesia y se dio a sí mismo por ella, para santificarla, habiéndola purificado por el lavamiento del agua con la palabra, a fin de presentársela a sí mismo, una iglesia en toda su gloria, sin que tenga mancha ni arruga ni cosa semejante, sino que fuera santa e inmaculada. Así también deben amar los maridos a sus mujeres, como a sus propios cuerpos. El que ama a su mujer, a sí mismo se ama. Porque nadie aborreció jamás su propio cuerpo, sino que lo sustenta y lo cuida, así como también Cristo a la iglesia; porque somos miembros de su cuerpo. POR ESTO EL HOMBRE DEJARÁ A SU PADRE Y A SU MADRE, Y SE UNIRÁ A SU MUJER, Y LOS DOS SERÁN UNA SOLA CARNE.

En todo caso, cada uno de vosotros ame también a su mujer como a sí mismo, y que la mujer respete a su marido".
Efesios 5:22-31, 33

¿Qué dice la Palabra de Dios acerca del papel de un esposo?
- El esposo está llamado a ser la cabeza de la esposa así como Cristo es la cabeza de la Iglesia (vs. 23).
- El amor del esposo por su esposa debe ser un reflejo terrenal del amor de Cristo por la Iglesia (vs. 25).
- Los esposos deben amar a sus esposas como se aman ellos a sí mismos (vs. 33).
- ¿Cuánto ama Jesucristo a Su Iglesia?
- ¿Cuánto está Jesús dispuesto a sacrificarse por Su Iglesia?
- ¿Cuánto no haría Jesús por expresar Su amor y devoción por su Iglesia?
- ¿Es un amor como ese el que existe en la relación con tu esposa?
- ¿De qué manera(s) has fallado en caminar en la plenitud del amor de Dios en la relación con tu esposa? (*Ejemplo*: Críticas, aspereza, falta de atención a ella etc.)
- ¿Qué piensas que Dios debe cambiar en ti para que el amor hacia tu esposa esté al nivel que él está esperando de ti?

_____

_____

_____

Esposos, queremos animarles a que dediquen tiempo para orar motivados por estas preguntas, y comiencen una jornada en la que permitan que el Espíritu de Dios eleve el nivel de amor que hay en ustedes hacia su esposa, hasta alcanzar el nivel del amor que tiene el Señor por su Iglesia. El arrepentimiento en el área del orgullo personal es un gran paso que muchos esposos necesitan dar para profundizar en el amor que Jesús quiere que tengan hacia sus esposas. Si nos humillamos, él nos exaltará. (1 Pedro 5:6).

¿Qué dice la Palabra de Dios acerca del papel de una esposa?
- Las esposas deben estar sujetas a sus esposos como a Jesús (vs. 22)
- El esposo es la cabeza de la esposa como Cristo es la cabeza de la Iglesia (vs. 23)
- Las esposas deben estar sometidas a sus esposos en todo (vs. 24)
- Las esposas deben respetar a sus esposos (vs. 33)

En la Palabra de Dios vemos el poder de este verdadero nivel de sumisión del corazón, para que se rindan a Cristo aquellos que todavía no le siguen:

"Porque para este propósito habéis sido llamados, pues también Cristo sufrió por vosotros, dejándoos ejemplo para que sigáis sus pisadas, el cual no cometió pecado, ni engaño alguno se halló en su boca; y quien cuando lo ultrajaban, no respondía ultrajando; cuando padecía, no amenazaba, sino que se encomendaba a aquel que juzga con justicia... Asimismo vosotras, mujeres, estad sujetas a vuestros maridos, de modo que si algunos de ellos son desobedientes a la palabra, puedan ser ganados sin palabra alguna por la conducta de sus mujeres al observar vuestra conducta casta y respetuosa".
1 Pedro 2:21-23, 3:1-2

- ¿Has actuado como si tu esposo fuera la cabeza de tu hogar?
- ¿Has estado sujeta a tu esposo en todo así como al propio Señor Jesús?
- ¿Has permanecido sumisa a tu esposo "aún cuando él ha desobedecido la Palabra en alguna cosa"?
- ¿Has pensado, hablado, o actuado con respeto hacia tu esposo cuando él ha estado presente, así como cuando no lo ha estado?
- ¿Ha sido esa clase de sumisión y respeto real en la relación con tu esposo?
- Si no ha sido así, ¿qué piensas que Dios debe cambiar en ti para que la sumisión y respeto hacia tu esposo llegue al nivel que Dios requiere de ti?

_____

_____

Esposas, queremos animarles a que dediquen tiempo para orar motivadas por estas preguntas y comiencen una jornada en la que permitan que el Espíritu de Dios eleve en sus corazones el nivel de sumisión y respeto hacia sus esposos, hasta el nivel que Dios espera que tengan. Si hay alguna herida en el corazón de alguna esposa, por la forma en que su esposo le ha tratado en el pasado, le exhortamos a que presente esa herida o aflicción al Señor Jesucristo y confíe en que él puede sanarle (Mat. 6:14- 15. Fil. 3:13). Toma la decisión de perdonar a tu esposo por esas heridas del pasado, y pídele al Espíritu de Dios que te enseñe como puede él amar a tu esposo a través de ti.

Afirmando la intención de Dios para el matrimonio

Es imprescindible afirmar la intención original de Dios para el esposo y la esposa. Su intención debe humillarnos y mostrarnos cuán lejos estamos de ella. Esto nos llevará a clamar a Dios para ver sus propósitos cumplidos en nuestro matrimonio.

¿Cuál era la intención de Dios al establecer la familia?

Al disponernos a descubrir la intención de Dios para la creación de la familia, es de gran ayuda mirar a la vida de Abraham. Conocemos a Abraham como un hombre que tuvo un gran llamado de Dios, de hecho es considerado como el padre de nuestra fe. Sería provechoso ver cuáles fueron las instrucciones de Dios para la familia de este hombre, ya que pueden motivarnos a cumplir los propósitos de Dios para nuestras familias.

"Entonces los hombres se levantaron de allí, y miraron hacia Sodoma; y Abraham iba con ellos para despedirlos. Y el Señor dijo: "¿Ocultaré a Abraham lo que voy a hacer, puesto que ciertamente Abraham llegará a ser una nación grande y poderosa, y en él serán benditas todas las naciones de la tierra? Porque yo lo he escogido para que mande a sus hijos y a su casa después de él que guarden el camino del Señor, haciendo justicia y juicio, para que el Señor cumpla en Abraham todo lo que él ha dicho acerca de él".
Génesis 18:16-19

¿Por qué Dios escogió a Abraham? Podemos asumir que Dios demandará mucho de una persona que reciba un gran llamado para su vida. Al examinar las Escrituras, vemos que la razón por la que Dios eligió a Abraham fue para "guiar a sus hijos y su familia a que se mantuvieran en los caminos del Señor". Es como si Dios estuviera diciendo, "si enseñas apropiadamente a tu esposa y tus hijos para que se mantengan en mis caminos, Yo cumpliré todo lo bueno que tengo preparado para ti".

¿Sentimos nosotros hoy que tenemos un llamado similar para nuestros matrimonios y familias? ¿Será posible que si consideramos a nuestra esposa e hijos como nuestro primer campo misionero, nuestros hijos continuarán en los caminos de Dios y se mantendrán fieles a los propósitos del Señor para su generación aún después que nosotros hayamos dejado este mundo?

Veamos las instrucciones de Dios a Moisés y los israelitas con respecto al discipulado en la familia:

"Y estas palabras que yo te mando hoy, estarán sobre tu corazón; y diligentemente las enseñarás a tus hijos, y hablarás de ellas cuando te sientes en tu casa y cuando andes por el camino, cuando te acuestes y cuando te levantes. Y las atarás como una señal a tu mano, y serán por insignias entre tus ojos. Y las escribirás en los postes de tu casa y en las puertas". Deuteronomio 6:6-9

En este pasaje vemos que a Moisés le es mostrada la importancia del discipulado que Dios deseaba que hubiera en la familia. Dios espera que nosotros entrenemos continuamente a nuestros hijos en Su voluntad y Sus caminos. Cuando nos sentamos en nuestra casa, cuando andamos por el camino, cuando vamos a dormir en la noche y cuando nos levantamos en la mañana. Aún los *"marcos de las puertas y las entradas de nuestros hogares"* deben contribuir a la instrucción de nuestras familias en la voluntad y los caminos de Dios. Dios debe ser el centro de todo lo que sucede en nuestra vida como familia. Su voluntad y sus caminos debemos trasmitirlos a nuestros hijos continuamente.

Cuando contemplamos el estilo de vida de Jesús, nos damos cuenta de que nuestra instrucción a otros no debe limitarse a palabras que salgan de nuestra boca (Marcos 7:6- 8). Es cuando lo que hacemos en nuestras vidas muestra el amor y la vida de Dios que nuestros hijos aprenden la mejor lección sobre como amar a Dios. No es con la práctica de cierta disciplina religiosa, sino por medio de una vibrante relación de amor con el Dios Vivo que servimos de ejemplo a nuestros hijos. Ellos deben ser capaces de apreciar nuestra pasión por Dios. Deben ver cuán profundamente amamos al Señor.

Los hijos deben ver a su padre modelando lo que significa ser guía espiritual del hogar. Deben ver a su padre dando el ejemplo de lo que significa amar y buscar a Dios por encima de todas las cosas. Deben ver a su padre consagrando su vida y amando a su esposa (madre de ellos) como Cristo ama a la Iglesia.

Así también los hijos deben ver a su madre sometiéndose y respetando a su esposo como si ella se estuviera sometiendo y respetando a Jesucristo mismo. Deben ver una fe en Dios genuina y consistente en la vida de su madre, para que esto les haga desear estar siempre cerca de Dios. De esta manera, el hogar resultará el ambiente perfecto para asegurar que la próxima generación continúe en los caminos del Señor. Esta era, y continua siendo, la intención de Dios para el matrimonio y la crianza de hijos.

Estableciendo el Reino de Dios en nuestro matrimonio y nuestra familia

Queremos destacar dos aspectos de la convivencia que requieren especial atención en nuestro matrimonio y familia. Luego veremos cómo podemos implementar las pautas espirituales en nuestros hogares, a fin de que nuestro matrimonio/familia comience a llevar el buen fruto de una vida fortalecida por el Espíritu.

Dos aspectos a considerar para establecer el Reino de Cristo en nuestro matrimonio y familia

- **Un corazón totalmente rendido** – a Dios y el uno hacia el otro
- **Un corazón lleno de confianza** – en Dios y del uno hacia el otro

Discusión práctica sobre el comienzo de un tiempo, como familia unida, que procure un encuentro con Dios a través de la adoración, la oración y la Palabra

Si bien hemos procurado dejar en claro que estas pautas espirituales deben ser parte de nuestro estilo de vida y no ser relegadas a determinado tiempo del día, debemos señalar que es muy importante la reunión como familia con el propósito específico de buscar a Dios. Es lo que podemos llamar: "devocional familiar" o "tiempo de adoración en familia". Pero lo realmente significativo es que la familia se reúna "para entrar en un lugar" donde todos juntos tengan un encuentro con el Espíritu de Dios.

En esta sección discutiremos brevemente como las "Pautas espirituales", que hemos recomendado para nuestras vidas como individuos, podemos ponerlas en práctica en nuestro matrimonio y en nuestras familias. Si bien es cierto que esta sección hace referencia a algunas claves prácticas para aquellos que tienen hijos, esos mismos principios pueden ser aplicados en la relación de matrimonios sin hijos. Para los hijos, dependiendo de su edad, debe haber diferentes niveles de participación. Y a medida que estos vayan creciendo, y comiencen a participar, aconsejamos que los padres provean oportunidades para que vayan teniendo un papel cada vez más activo.

Al dedicarse a esta práctica de la reunión familiar, recomendamos que vayas aumentando el tiempo de la misma de forma gradual. No pretendas que todos se ajusten a un período de tiempo al que no han estado acostumbrados. Puedes tener la absoluta confianza en Dios de que esa llegará a ser una experiencia gozosa y deseada por todos en el hogar.

Comienza pidiendo al Espíritu de Dios que te muestre como conducir a tu familia a buscar juntos al Señor. Permite que él te guíe donde desee hacerlo. Para cada reunión familiar Dios puede tener una agenda completamente diferente, de manera que debes ser sensitivo a su dirección.

Sólo queremos compartir algunas de las formas que ya hemos puesto en práctica. Seguimos aprendiendo y creciendo en nuestras reuniones como familia. Esperamos que algunas de esas pautas puedan ayudarles a comenzar con esta experiencia. A medida que avancen, el Espíritu de Dios les dirigirá a lo que él desea que vayan implementando.

1. Un estilo de vida de familia lleno de alabanza y adoración para que haya un verdadero encuentro con el Espíritu de Dios

Las reuniones de adoración en familia no deben ser una rareza en nuestros hogares, sino un elemento clave en nuestro estilo de vida como familia. Estas no deben ser meramente un tiempo devocional, sino un verdadero encuentro con el Espíritu de Dios en el cual nuestros corazones y nuestras vidas puedan ser transformados. Debemos creer a Dios para un estilo de vida de adoración al Señor, juntos como familia. El Espíritu Santo es bien creativo, de manera que déjale guiarte para que éste llegue a ser un aspecto significativo de tu matrimonio y familia. No te conformes con un tiempo de devoción rutinaria, procura tener una experiencia de adoración genuina.

Pide al Espíritu Santo que te muestre como desea él que tu matrimonio disfrute de una experiencia de alabanza y adoración verdaderas. Escribe alguna cosa(s) que él te esté comunicando:

_____
_____
_____

2. Un estilo de vida en familia esperando y escuchando al Espíritu de Dios

Pide al Espíritu Santo que te revele como desearía él que tu matrimonio/familia comenzara a esperar y escuchar juntos a Su Espíritu. Escribe alguna cosa(s) que él te esté comunicando:

_____
_____
_____

3. Un estilo de vida en familia saturado de la Palabra de Dios

Pide al Espíritu Santo que te revele como puede tu matrimonio/familia llenarse de la Palabra de Dios. Escribe alguna cosa(s) que él te esté comunicando:

_____

_____

_____

Testimonio

El incluir la Palabra de Dios, como parte del estilo de vida de nuestra familia, ha producido un deseo profundo en el corazón de nuestros hijos de leer la Palabra de Dios por ellos mismos. Nuestros dos hijos mayores aprendieron a leer leyendo la Biblia. El primero de ellos leyó toda la Biblia a la edad de siete años. Podíamos encontrarlo, frecuentemente, leyendo diez, veinte o más capítulos en un día, y estábamos convencidos de que Dios había puesto en su corazón ese deseo. Nunca le dijimos: "Tienes que hacerlo", sino que fue algo que el Espíritu de Dios puso en su corazón, y esa es una de las claves en el proceso. Ahora que nuestro tercer hijo está aprendiendo a leer, también lo está haciendo por medio de la lectura de la Biblia.

4. Un estilo de vida en familia caracterizado por oración e intercesión

Pide al Espíritu Santo que te muestre como tu matrimonio/familia debe comenzar a orar e interceder por otros. Escribe alguna cosa(s) que él te esté comunicando:

_____

_____

_____

5. Un estilo de vida en familia con responsabilidad y sumisión mutuas

Pide al Espíritu Santo que te muestre como podría guiar él tu matrimonio/familia a un estilo de vida de responsabilidad y sumisión de los unos a los otros. Escribe alguna cosa(s) que él te esté comunicando:

_____

_____

_____

A. Un estilo de vida que supere la carne en nuestro matrimonio y familia

Cuando permitas que el Espíritu de Dios se mueva libremente en tu hogar, él va a enseñarte acerca de la necesidad de vencer a la carne.

Como familia, él puede guiarles a tomar la decisión de apagar la televisión cuando sea pertinente. Los hijos pueden participar en alguna forma de ayuno y oración familiar dependiendo de sus edades. Si se dan cuenta de que alguno de los apetitos humanos está comenzando a tomar control de la vida familiar, apresúrense a humillarse ante el Señor pidiéndole sabiduría para superar eso.

Enseñen a sus hijos que "seguir a Jesús" no se logra por medio de esfuerzos humanos, sino rindiéndonos con determinación a Dios, y confiando en él para que sea Su vida la que viva en nosotros.

B. Un estilo de vida en nuestro matrimonio y familia que supere el sistema religioso y el sistema de este mundo

Permite que el Espíritu Santo muestre a tu familia cómo desea él que usen el tiempo que les ha dado. No desperdicien el tiempo que Dios les regala.

Consejos prácticos:

- Como familia, pregunten a Dios como desea él que usen su tiempo juntos de la forma más productiva.
- Escribe(an) alguna cosa que él te(les) esté comunicando, para que toda la familia lleve un registro de lo que el Señor te(les) ha mostrado.

Ejemplo: Te quedan dos horas antes de irte a dormir. Ese tiempo puede ser usado para ver una película o leer un libro con poco valor espiritual, o sencillamente ninguno. Pero también puede ser usado para leer unos diez capítulos de la Biblia, considerar elementos claves del carácter de Dios y/o terminar la noche con una historia misionera de un hombre o una mujer de Dios que fue usado poderosamente para establecer el Reino de Dios en la tierra. Piensa en las diferentes imágenes que tus hijos pudieran quedar en sus mentes cuando se van a dormir. Una posibilidad sería que se quedaran toda la noche pensando en historias poco edificantes. La otra posibilidad es que consideraran si desean dedicar sus vidas para conocer a Cristo como lo escucharon de las historias de la Biblia o de algún testimonio misionero. Al permitir que el Espíritu de Dios dirija la administración de nuestro tiempo, vamos a estar marcando una diferencia para el bienestar de nuestra familia.

C. Un estilo de vida discerniendo y venciendo la oposición satánica en nuestro matrimonio y familia

A medida que nuestros matrimonios y familias comienzan a profundizar en un estilo de vida buscando al Señor, podemos estar seguros de que Dios nos revelará como erradicar los modelos del pasado. Podemos confiar en que Dios erradicará, cada día, lo que el reino de las tinieblas ha procurado implantar en nuestros hogares. Podemos estar seguros de que Dios cambiará el estilo de vida de nuestro matrimonio/familia para adoptar el Suyo. De esa forma, terminará el control que Satanás tenía sobre nuestros hogares.

Testimonio

En un hogar donde los padres habían criado a sus hijos en un ambiente cristiano, uno de los hijos adolescentes comenzó a apartarse e involucrarse en el Satanismo. Su participación en actividades de ese reino de tinieblas estaba afectando a toda la familia. Los padres, entonces, tomaron la decisión de comenzar a reunirse cada tarde de 5pm- 7pm para orar juntos en familia. Como resultado de este tiempo de devoción familiar, ese hijo comenzó a ser más comunicativo, y eventualmente admitió que necesitaba un cambio en su vida.

Como creyentes en Jesucristo, no tenemos que cruzarnos de brazos como víctimas de las tretas de Satanás contra nuestras familias. Podemos comenzar a humillarnos ante Dios, invocar Su Nombre, y esperar que él haga lo que sería humanamente imposible.

Enseñanza práctica para aquellos que tienen hijos

- Dediquen tiempo a enseñar a sus hijos acerca de la batalla en la que ellos están involucrados. Ayúdenles a entender como el enemigo nos ataca para que caigamos en sus redes. Aún los niños pueden aprender a discernir los métodos que Satanás utiliza contra ellos y su familia. Pónganse en las manos de Dios a fin de crear un corazón sensitivo en ellos, un corazón que les permita conocer cuando están siendo atacados por el enemigo.

Evangelismo, discipulado y amor en el matrimonio y la familia

Imagina por un momento que nuestros matrimonios estuvieran avivados en su relación con Dios, hablando acerca de Jesús con todos aquellos con quienes nos relacionamos. ¿Qué sucedería si juntos comenzáramos a discipular nuestra comunidad? ¿Cómo sería todo si la mesa a la hora de la cena se convirtiera en un lugar para compartir testimonios sobre la actividad del Espíritu de Dios a través del día? Una familia que se ha preparado para participar juntos en la misión de Dios puede experimentar cosas maravillosas.

Un estilo de vida fortalecido por el Espíritu Santo prepara nuestro matrimonio/familia para un evangelismo efectivo

Pide al Espíritu Santo que te revele como tu matrimonio/familia puede comenzar a involucrarse en un evangelismo efectivo. Escribe alguna cosa(s) que él te esté comunicando:

_____

_____

_____

Testimonio

Como resultado de la lectura de muchas historias misioneras en los últimos años, nuestros tres hijos, de 9, 8 y 6 años de edad, han comenzado un ministerio que ellos mismos han denominado "Alcanzando el Mundo". La visión de ese ministerio es llevar las "Buenas Nuevas de Jesucristo" a los que están perdidos. Ellos recaudan fondos que utilizan para ayudar a aquellos que no conocen a Jesús. De esta manera han ayudado a varios programas en la comunidad, así como a algunos estudiantes en la parada del ómnibus escolar. Los testimonios de nuestros vecinos confirman claramente el ardiente deseo de nuestros hijos de compartir a Cristo con otras personas.

Un estilo de vida fortalecido por el Espíritu Santo prepara nuestro matrimonio y familia para un discipulado efectivo

"No lo ocultaremos a sus hijos, sino que contaremos a la generación venidera las alabanzas del Señor, su poder y las maravillas que hizo. Porque él estableció un testimonio en Jacob, y puso una ley en Israel, la cual ordenó a nuestros padres que enseñaran a sus hijos; para que la generación venidera lo supiera, aún los hijos que habían de nacer; y estos se levantarán y lo contarán a sus hijos, para que ellos pusieran su confianza en Dios, y no se olvidaran de las obras de Dios, sino que guardaran sus mandamientos". Salmo 78:4-7

Discipular a alguien demanda dedicación absoluta. Para discipular a los miembros de nuestra familia, debemos estar dispuestos a dedicar tiempo para conocerles mejor y compartir sus vidas. Debemos reconocer que las acciones de nuestras vidas hablan más alto que nuestras palabras. Lo que nuestras vidas muestran es el aspecto más importante en el proceso de enseñarles sobre la importancia de una relación con Dios.

Pregunta al Espíritu Santo como guiaría él tu matrimonio/familia hacia un discipulado efectivo. Escribe alguna cosa(s) que él te esté comunicando:

_____

_____

_____

La meta fundamental del matrimonio y la vida familiar: Un estilo de vida de amor incondicional

"Nosotros sabemos que hemos pasado de muerte a vida porque nos amamos unos a otros. El que no ama permanece en muerte". 1 Juan 3:14

Muchos de nuestros matrimonios y familias han sufrido una muerte espiritual debido a la falta de amor en el hogar. Al preparar nuestras vidas para ser recipientes del Espíritu de Dios podemos creer que él nos llenará con su amor y transformará cada aspecto de nuestra vida en familia.

Pregunta al Espíritu Santo como guiar a tu matrimonio/familia para profundizar en el amor incondicional de los unos a los otros. Escribe alguna cosa(s) que él te haya comunicado:

_____

_____

_____

Historia de una familia de Taiwán

En Taiwán había un hombre que decía ser cristiano, pero tenía el hábito de golpear a su esposa. Por esa razón, la esposa había prometido que si el cristianismo era así a ella no le interesaba para nada. Eventualmente, la hija de ambos se convirtió a la fe cristiana y escuchó acerca de la enseñanza de establecer el Reino de Dios en la familia. Ella fue instruida en que si uno solo de los miembros en el hogar se convertía (nuevo nacimiento), eso podía cambiar por completo la atmósfera espiritual de toda la familia.

Así que decidió pedir al Espíritu Santo que estableciera el Reino en su familia. Ella misma comenzó a ser un recipiente para una vida fortalecida por el Espíritu, a fin de alcanzar a otros alrededor de ella. Como resultado de este cambio en su estilo de vida, y como un fruto espiritual, Dios transformó el corazón de su madre quien comenzó a hacer preguntas a su hija acerca de Jesús. Poco tiempo después su madre entregó su vida a Jesucristo. Eventualmente la esposa perdonó a su esposo y decidió amarle incondicionalmente, a pesar de sus errores pasados contra ella.

Este amor incondicional impactó al esposo quien finalmente rindió su vida a Jesucristo. Entonces toda la familia unida comenzó a buscar más de Jesús. ¡Alabado sea Dios!

Este es sólo uno de los miles de testimonios de familias, a través de la nación de Taiwán, que muestran como el Cuerpo de Cristo ha ayudado a equipar a esposos y esposas a establecer el Reino de Dios en sus familias.

Testimonio de una congregación que estimuló a sus matrimonios y familias a que tomaran tiempo para buscar juntos de Dios en sus hogares. (Marco de tiempo: Aproximadamente de 6 meses a 1 año)

- **Matrimonios restaurados**

    Muchos matrimonios que estaban al borde del divorcio recuperaron su relación. Varias parejas testifican que ahora existe entre ellos una profunda unión espiritual que sólo comenzaron a experimentar cuando establecieron un estilo de vida fortalecido por el Espíritu en sus matrimonios. En Inglaterra, una pareja que comenzó este estilo de vida en su hogar ha sido transformada, cada uno individualmente y como matrimonio. Además se le abrieron las puertas para compartir su testimonio en ciudades a lo largo de la nación. Ahora hay muchos que están deseosos de experimentar algo similar en sus hogares.

- **Niños y jóvenes teniendo un encuentro con Dios**

    - Niños pequeños adorando apasionadamente a Dios sin ser obligados por un adulto.

    - Aquellos que han comenzado a buscar este estilo de vida en sus familias dan testimonio de que necesitan disciplinar menos en el hogar desde que el Espíritu de Dios comenzó a instruir y obrar en sus hijos. Un joven tuvo un sueño en el cual veía a Jesús cerca de él montando un asno. En el sueño Jesús le decía: "Quiero que obedezcas a tu madre y a tu padre". Cuando despertó recordó lo que Jesús le había dicho.

    - Una joven fue físicamente sanada de una enfermedad cuando clamó a Dios en oración. Antes de ser sanada estaba a punto de ser llevada al hospital.

- Jóvenes buscando, espontáneamente, la presencia de Dios fuera del tiempo de "adoración familiar". En un hogar donde sus miembros estaban dedicando una noche a la semana a buscar de Dios, el hijo de 18 años dijo: "¿Podríamos tener este tiempo de oración y búsqueda de Dios dos o tres veces a la semana? Pienso que apenas estamos "arañando la superficie" de lo que Dios puede hacer aquí".

- Algunos niños (edades de 5- 7) se han acercado a sus padres pidiéndoles, y hasta rogándoles, que les lean la Biblia.

- Un alto porcentaje de los jóvenes en la iglesia está ahora considerando o ha comenzado el proceso de prepararse para el trabajo misionero. Ver a sus padres modelar un estilo de vida en consonancia con los propósitos de Dios está teniendo un impacto en los sueños futuros de sus hijos. Cada vez más frecuentemente estamos escuchando a jovencitos expresar: "Quiero ser misionero o misionera".

- **Puertas abiertas a los inconversos**

    Ejemplo: Un niño de 9 años de edad, constante en la lectura de su Biblia, motivó a que un amiguito "no creyente", de 9 años también, comenzara a leer la Biblia. Como resultado, este último decidió amonestar a su confundida familia diciéndole: "Necesitamos ir a la iglesia".

- Donde una iglesia no había tenido ministerio alguno, se han abierto puertas para establecer este estilo de vida en centros de trabajo, y en otros sectores de la sociedad.

Palabras finales de estímulo con respecto al establecimiento del Reino de Dios en nuestros matrimonios y familias

Esperamos que valores la importancia de establecer un estilo de vida fortalecido por el Espíritu Santo en tu matrimonio y familia. Esperamos, asimismo, que este capítulo te haya motivado a comenzar este estilo de vida en tu hogar. Oramos por aquellos que ya han comenzado y les estimulamos a profundizar en lo que ya están experimentando. No te desanimes si eres el único(a), en tu matrimonio o familia, que tiene interés en establecer este estilo de vida. Tenemos testimonios de muchos que comenzaron solos, y eventualmente Dios transformó el corazón de su cónyuge, y/o sus hijos, hasta que todos comenzaron a desear que el Reino de Dios fuera realidad en su familia.

Es importante que tengamos en mente que sólo el Espíritu de Dios puede guiarnos a implementar un estilo de vida fortalecido por el Espíritu y lograr que el fruto sea permanente. Confiamos en que ustedes busquen al Señor, y que él les guíe en la aplicación de cada una de las pautas espirituales en su matrimonio y familia. Confiamos en que esa experiencia traerá riqueza a sus vidas. A la vez, esperamos que esto les permita marcar una diferencia en las vidas de muchos otros alrededor de ustedes.

No se desanimen si el fruto no llega de inmediato. En ocasiones, no será fácil ver este estilo de vida establecido con firmeza en su matrimonio y familia, pero Dios es capaz de llevar a cabo esta buena obra. Les instamos a perseverar hasta que este estilo de vida esté plenamente establecido en sus familias. Esto les permitirá glorificar a Dios, disfrutar de Sus riquezas, y ser instrumentos para inspirar las vidas de otras personas.

"Y no nos cansemos de hacer el bien, pues a su tiempo, si no nos cansamos, segaremo". Gálatas 6:9

Próximos pasos

Si ya tomaste (tomaron) tiempo para orar y pedir al Espíritu de Dios que te comunicara como tu matrimonio/familia debía comenzar a buscarle, entonces has tenido un buen punto de partida. No nos atrevemos a decirte (les) que ya tienes un manual o una estrategia, pero debes tener bien claro algunos pasos para el futuro. A medida que continúan buscando de Dios (como familia), él les irá revelando más y más acerca de sus propósitos. Puedes(n) considerar el regresar de nuevo a esta sección del libro para orar sobre lo que Dios te ha revelado, hasta que este estilo de vida haya sido plenamente establecido en tu familia.

Preguntas para discusión

1. Basados en la Escrituras que hemos leído, ¿Cuál crees(n) que fue la intención original de Dios al establecer el matrimonio y la familia? (Génesis 18:16-18, Deut. 6:6-9)
2. ¿Cómo se compara la experiencia en tu matrimonio y familia con la intención original de Dios?
3. ¿De qué forma te sentiste estimulado a implementar estas Pautas Espirituales en tu hogar/familia?

Para aquellos que están casados/con una familia
1. ¿Cómo describes el presente estado de tu matrimonio/relaciones de familia?
2. ¿Crees que al implementar las Pautas Espirituales en tu matrimonio/familia se mejorará el estado espiritual de esas relaciones? ¿De qué manera?
3. ¿En qué forma te has sentido impresionado por el Espíritu de Dios para comenzar a implementar esas Pautas Espirituales en tu hogar? (Escríbelo de la mejor manera posible).

Paso de acción

Toma tiempo para pedir al Espíritu de Dios que te muestre, al menos una forma de hacerlo, como ajustar tu estilo de vida en lo que respecta a tu matrimonio/familia. Escribe alguna cosa que él te esté revelando y comienza a orar por eso. Sólo él es capaz de darte la fortaleza para llevarla a cabo, así que debes orar a Dios por ese motivo con regularidad.

_____

_____

_____

Enfoque de oración

Oremos, cada uno, por nuestras relaciones matrimoniales/familiares:

Padre, te doy gracias por ser el Creador del matrimonio y la familia. Te doy gracias porque tuviste un buen propósito en tu corazón cuando quisiste establecer este tipo de relación en la tierra. Te pido perdón por todas esas ocasiones en las que no he observado tus propósitos en mis relaciones familiares. Ayúdame a arrepentirme de ello y regresar a tus caminos. Ayúdame a ser parte de tu solución en mi matrimonio/familia. Quiero ser un recipiente que puedas llenar y usar aquí. Concédeme tu gracia para poner en práctica estas pautas espirituales, a fin de que mi matrimonio/familia llegue a ser todo lo que deseas que sea. (Continúa orando para que el Espíritu de Dios te guíe).

Más recursos sobre el matrimonio y la familia están disponibles en la sección Revolución en la Familia (Family Revolution) de nuestra página electrónica: www.dninternational/family.

A continuación ofrecemos algunos pasajes bíblicos adicionales para aquellos que estén interesados en estudiar el tema del Matrimonio y la Familia de manera más profunda. Considera dedicar algún tiempo para meditar en los pasajes de la Escritura de cada área que se relacione con tu interés.

Matrimonio:

Génesis 2:18-25, Mateo 19:3-9, Marcos 10:6-9, 1 Cor. 13:4-13, Col. 3:18-23, Hebreos 13:4

Esposos:

Salmo 128:1-6, Proverbios 5:18-20, 13:22, 1 Cor. 7:2-5, 11:3, Efe. 5:21-33, Col. 3:19, 1 Tim. 3:1-6, 1 Pedro 3:7-12

Esposas:

Génesis 2:18-25, Proverbios 19:14, 31:10-31, 1 Cor. 7:1-5, Efe. 5:21-33, Col. 3:18, 1 Tim. 3:11, Tito 2:3-5, 1 Pedro 3:1-6, 8-12

Cuidado/crianza de los hijos:

Génesis 1:27-28, Exodo 12:23-27, 20:4-6, 34:5-8, Números 14:17-19, Deut. 4:9-10, 39-40, 5:8-10, 6:4-9, 31:12-13, Josué 4:6-7, 4:20-22, 14:9, Jueces 13:6-8, 2 Reyes 17:41, 2 Cron. 20:13, Esdras 10:1, Job 1:1-5, Salmo 34:11, 78:4-6, 103:13, 17, 127:3-4, Proverbios. 3:12, 13:22, 24, 17:6, 22:6, 22:15, 23:13, 29:15, Isaías 49:15, Jer. 31:29-30, 32:17-19, Oseas 4:6, Joel 2:15-17, Mal. 4:6, Mateo 18:1-6, 19:13-14, Juan 9:1-3, Hechos 2:39, Efe. 6:1-4, Col. 3:21, 1 Tim. 3:4, 12, Tito 1:6, Hebreos 12:5-11,

Hijos:

Salmo 127:3, 139:13, 144:12, Proverbios 1:7-10, 4:1, 5:7, 7:24, Mateo 18:1-6, 19:13-14, Juan 9:1-3, Hechos 13:33, Romanos 1:30, 9:8, Efe. 6:1-3, Col. 3:20, 1 Tim. 5:4, 2 Tim. 3:2, Tito 1:6, 1 Juan 2:28

Capítulo 10: ¿Es aún posible un avivamiento regional inspirado por Dios?

"Si yo cerrare los cielos para que no haya lluvia, y si mandare a la langosta que consuma la tierra, o si enviare pestilencia a mi pueblo; si se humillare mi pueblo, sobre el cual mi nombre es invocado, y oraren, y buscaren mi rostro, y se convirtieren de sus malos caminos; entonces yo oiré desde los cielos, y perdonaré sus pecados, y sanaré la tierra". 2 Crónicas 7:13-14

Algunos de nosotros hemos leído esta porción de las Escrituras tantas veces que no le prestamos mucha atención a su significado. Pero no podemos darnos el lujo de pasar por alto lo que aquí se nos quiere decir. Este es un mensaje para el pueblo de Dios en todos los tiempos. Estos versos se refieren a esas temporadas en las que el pueblo de Dios enfrenta problemas, cuando todo se oscurece y padecemos una sequía que no sólo ruega por lluvia física sino también por "lluvia espiritual". ¿Cuántos individuos, matrimonios, familias y congregaciones locales, si compartieran con honestidad sobre su estado espiritual actual, confesarían que necesitan urgentemente que les llueva? Y esto porque les faltan grandes cosas que Jesús prometió que haría a través de sus seguidores, cuando estén fortalecidos por el Espíritu.

Otros, mientras tanto, están experimentando la abundancia del Espíritu de Dios obrando en sus vidas personales, y aún en sus matrimonios y familias, pero al ver la situación existente en su congregación local y en su nación, creen que es muy poco lo que se puede hacer para cambiar la misma. De cualquier manera, debemos examinar los cuatro aspectos que Dios destaca en el verso 14, y pedirle al Espíritu Santo que los coloque en lo profundo de nuestros corazones, y en los corazones de aquellos que él desea que alcancemos en su Nombre. Estas son las cuatro "claves para la renovación", que han estado presentes cada vez que ha habido un verdadero avivamiento en la historia de la humanidad.

Clave para la renovación # 1: Humildad

"Pero él da mayor gracia. Por esto dice: Dios resiste a los soberbios, y da gracia a los humildes. Someteos, pues, a Dios; resistid al diablo, y éste huirá de vosotros". Santiago 4:6-7

Nunca podremos profundizar lo suficiente en lo que respecta a la humildad. Jamás llegaremos a una comprensión tal de la humildad, que ya no necesitemos conocer más sobre ella. De hecho, en el momento que pensemos que ya la hemos obtenido, será el momento en que la habremos perdido. Sólo el Espíritu de Dios puede poner verdadera humildad en nuestros corazones, porque ella es exactamente lo opuesto al orgullo de nuestra naturaleza humana. Si no vemos que Dios se está moviendo en nosotros y a través de nosotros, preguntémosle a Dios si estamos permitiendo que todavía quede algo de orgullo en nuestros corazones.

Clave para la renovación # 2: Oración

"Aconteció que cuando todo el pueblo se bautizaba, también el Espíritu Santo sobre de él en forma corporal, como paloma, y vino una voz del cielo que decía: "Tú eres mi Hijo amado; en ti tengo complacencia". Lucas 3:21-22

"En aquellos días él fue al monte a orar, y pasó la noche en orando a Dios. Y cuando era de día llamó a sus discípulos, y escogió a doce de ellos, a los cuales también llamó apóstoles". Lucas 6:12-13

"Orad sin cesar". 1 Tesalonicenses 5:16

Fue mientras Jesús oraba, que los cielos fueron abiertos y el Espíritu Santo descendió sobre él. El mismo Jesús modeló un estilo de vida de oración que en ocasiones necesitaba orar toda la noche. Si Jesús, el Hijo de Dios sin pecado, necesitaba esa vida de oración para mantener una íntima comunión con el Padre, ¿no piensas que tú y yo necesitamos dedicar más tiempo que Jesús a la oración? Como hemos nacido con una naturaleza pecaminosa, llena de orgullo e incredulidad, tenemos que reconocer que nuestra vida de oración debe ser como nuestra respiración. Necesitamos la oración como necesitamos el aire. Si aún no hemos tenido esa clase de vida de oración, debemos acercarnos a Jesús, como lo hicieron sus discípulos, y rogarle: "Señor, enséñanos a orar".

Clave para la renovación # 3: Buscando el rostro de Dios

"Bienaventurados los que guardan sus testimonios, y con todo el corazón le buscan". Salmo 119:2

"Yo amo a los que me aman, y me hallan los que temprano me buscan". Proverbios 8:17

"P Pedid, y se os dará; buscad, y hallaréis; llamad, y se os abrirá. Porque todo aquel que pide, recibe; y el que busca halla; y al que llama, se le abrirá". Mateo 7:7-8

Buscar implica que nos enfoquemos en alcanzar una meta. Si determinamos que tenemos mayor necesidad de la realidad del Espíritu de Dios en nuestras vidas, entonces nuestro estilo de vida debe mostrar que estamos buscándole con tanta frecuencia e intensidad como nos sea posible. Esta búsqueda de Dios traerá mucho fruto.

Clave para la renovación # 4: Arrepentimiento

"Así que, arrepentíos y convertíos, para que sean borrados vuestros pecados; para que vengan de la presencia del Señor tiempos de refrigerio". Hechos 3:19

"Ahora me gozo, no porque hayáis sido contristados, sino porque fuisteis contristados para arrepentimiento; porque habéis sido contristados según Dios, para que ningúna pérdida padecieseis por nuestra parte. Porque la tristeza que es según Dios produce arrepentimiento para salvación, de que no hay que arrepentirse; pero la tristeza del mundo produce muerte". 2 Corintios 7:9-10

La confesión supone que coincidamos con Dios en que lo que hemos hecho está equivocado. Pero arrepentimiento va mucho más allá, pues implica la determinación de apartarnos del pecado por completo. Si sólo aceptamos que nuestro pecado es un error, pero continuamos viviendo en pecado, nos hacemos tontos a nosotros mismos. Este tipo de confesión verbal, carente de un arrepentimiento sincero, en nada beneficia nuestra relación con Dios. Dios desea un pueblo que permita al Espíritu Santo que le convenza, una y otra vez, de todo aquello que en sus vidas sea una ofensa hacia él. Sólo cuando permitamos que el verdadero arrepentimiento invada cada área de nuestras vidas, estaremos en posición de vivir como vasijas llenas del Espíritu Santo de Dios.

La Palabra de Dios establece claramente que es sólo cuando el pueblo de Dios se acerca a él con humildad, en oración ferviente, y arrepentido sinceramente, que él oirá desde los cielos y sanará la tierra. Si las Escrituras afirman con claridad que Dios puede sanar una región entera, ¿tenemos nosotros la fe suficiente para creer que él puede sanar también la región en que vivimos? Lo cierto es que Dios anhela hacer aún mucho más de lo que nosotros pudiéramos pensar.

"Y a Aquel que es poderoso para hacer todas las cosas mucho más abundantemente de lo que pedimos o entendemos, según el poder que actúa en nosotros, a él sea la gloria en la iglesia en Cristo Jesús por todas las edades, por los siglos de los siglos. Amén".
Efesios 3:20-21

Si ocurriera un avivamiento en una ciudad o una región, ¿cómo luciría?

Muchos de nosotros no hemos visto siquiera un avivamiento en una iglesia local, ¿cómo imaginar entonces las características de la manifestación de Dios a nivel de una ciudad o una región completa? Pero que no hayamos visto algo no significa que eso no exista o que sea imposible. Los científicos, con el uso de enormes telescopios, nos hablan de planetas distantes. Pudiéramos decirles: "No podemos creer tales cosas. Los planetas distantes no existen". ¿Por qué tendríamos que reaccionar de esa manera? El hecho de no haber visto esos planetas por nosotros mismos, no justifica que no confiemos en los científicos y nos mantengamos incrédulos. Ahora bien, si los científicos nos permitieran ir a su observatorio, y fuéramos capaces de mirar a través de los telescopios y ver los planetas por nosotros mismos, ¿comenzaríamos a creer que existen?

De la misma forma, debido a que muchos de los seguidores de Cristo nunca han visto un avivamiento regional, algo como eso parece muy difícil de creer. Pero si simplemente miramos a través del "telescopio" de la historia de la Iglesia, vamos a darnos cuenta de que los movimientos regionales del Espíritu de Dios son posibles, y que pueden ser aún más grandes y poderosos de lo podemos pensar. Hay historias reales, de poblados y regiones enteras, que han tenido una visitación de la Presencia de Dios tan poderosa, que de tan sólo poner un pie en ese lugar una sensación de asombro llenaría el corazón y sería difícil evitar el llanto. La convicción de pecado es reportada como tan vigorosa, que aún las personas más impías y escépticas en el área se convertirían de todo corazón a Jesucristo.

Capítulo 10: ¿Es aún posible un avivamiento regional inspirado por Dios?

En algunas partes del mundo, a medida que la obra de Dios se ha expandido en una región, el Cuerpo de Cristo ha dejado a un lado sus debates doctrinales previos y ha comenzado a trabajar en unidad para su región, trayendo como resultado conversiones masivas de almas para el Reino de Cristo. En otros casos, aquellos que estuvieron firmemente opuestos a lo que Dios estaba haciendo en esas zonas cayeron muertos sin causa aparente, de no ser que Dios no les hubiera permitido detener lo que estaba sucediendo.

No es extraño que, en épocas de grandes avivamientos, pastores y ministros estén entre aquellos a quienes Dios ha dado convicción de pecado y han tenido una verdadera conversión. El Espíritu les ha revelado que aunque ellos han sido misioneros, no han tenido aún una experiencia genuina de un nuevo nacimiento. El avivamiento de Shantung en el norte de China, a principios de la década de 1930, es un ejemplo de un período de avivamiento que comenzó en los corazones de los misioneros. El Espíritu de Dios mostró a los líderes en la Iglesia que ellos aún eran inconversos. Estaban laborando en una tierra extranjera por la salvación de otras almas, pero Dios tuvo que mostrarles primero la necesidad que ellos tenían de un nuevo nacimiento y el fortalecimiento de sus vidas por el Espíritu Santo. Estos misioneros, que anteriormente se habían estado preguntando por qué carecían de poder para cambiar las vidas de los que estaban a su alrededor, fueron capacitados y fortalecidos por el Espíritu para ser ganadores de almas para el Reino de Cristo.

Estas gloriosas obras del Espíritu de Dios nos llevan a plantear una pregunta: "¿Puede hacerse algo para que estos avivamientos ocurran en nuestra ciudad y región, o son ellos eventos misteriosos que la humanidad sólo puede recibir cuando Dios decide derramar su Espíritu de esa forma?"

Sólo necesitamos mirar la vida de un individuo responder a esta pregunta. ¿Qué si un alma inconversa nos dijera: "Estoy esperando por Dios para cambiar mi corazón? Al presente no me estoy humillando ante Dios, tampoco lo estoy buscando, pero si él decide bajar para encontrarse conmigo, supongo que estaré dispuesto a encontrarme con él".

¿Cómo reaccionaríamos a esta apática respuesta? ¿No podríamos señalar que en definitiva la responsabilidad de que se produzca un despertar en las vidas de las personas recae en ellos y no en Dios? ¿No podríamos señalar, además, que Dios ya ha hecho provisión para que se acerquen a través de la sangre derramada por Su Hijo Jesús? ¿No haríamos la labor de mostrarles la necesidad de humillarse, orar, buscar a Dios y arrepentirse de todo pecado que Dios les revele?

El punto a destacar es que Dios ha evidenciado en una vida que él ha hecho provisión, para que todos puedan entrar a Su Reino y vivir en completa comunión con él. El problema no está del lado de Dios, como si fuera necesario que Dios haga algo adicional, cuando ya lo ha hecho todo para que ellos puedan ser nacidos en Su Reino. La responsabilidad, en esta situación, no es que Dios se humille y les busque, él ya lo ha hecho. Él ha buscado y ha expresado su deseo de que todos los hombres (y mujeres) sean salvos y lleguen al conocimiento de la verdad. La carga de responsabilidad pesa enteramente sobre las almas inconversas. ¿Buscarán ellos humillarse delante de Dios, orar fervientemente, buscar a Dios y se arrepentirse, o serán negligentes en hacerlo?

Consideremos al Rey Acab cuando hablamos del avivamiento personal. La Palabra de Dios nos enseña en 1 de Reyes, que ningún otro se vendió a hacer lo malo como este hombre.

"A la verdad ninguno fue como Acab, que se vendió para hacer lo malo ante los ojos de Jehová; porque Jezabel su mujer lo incitaba". 1 Reyes 21:25.

Pero si continuamos en la lectura de este capítulo veremos, dos versos después, que Acab oyó acerca del juicio de Dios contra él, y entonces se humilló. Veamos la sorprendente respuesta de Dios:

"Y sucedió que cuando Acab oyó estas palabras, rasgó sus vestidos y puso cilicio sobre su carne, ayunó, y durmió en cilicio, y anduvo humillado. Entonces vino palabra de Jehová a Elías tisbita, diciendo: ¿No has visto cómo Acab se ha humillado delante de mí? Pues por cuanto se ha humillado delante de mí, no traeré el mal en sus días; en los días de su hijo traeré el mal sobre su casa".
1 Reyes 21:27- 29

¡Servimos a un Dios extraordinariamente misericordioso! Si alguien decide hacer estas cuatro simple cosas en su vida individual, ¿dudaremos que él responda con perdón y restauración? ¿Qué tiempo tomará a esa persona tener un encuentro con Dios? Seguramente no tomará más que unos pocos minutos, horas, días o semanas. Si pasara un mes sin experimentar un cambio radical, entonces tendríamos que cuestionar la sinceridad de su humillación y arrepentimiento.

Mientras que esto es bien claro en la vida de un individuo, lo es igualmente en cualquier nivel de la sociedad. Si un matrimonio, o familia, buscara a Dios en esta forma, ¿habría duda alguna de la respuesta de Dios? ¿Acaso no somos conscientes del deseo de Dios de moverse más poderosamente de lo que nosotros podríamos imaginar? (Efesios 3:20).

¿Qué pasaría si una congregación local comenzara a buscar a Dios humillándose, orando, y arrepintiéndose de toda área de pecado en la que pudieran estar viviendo? ¿Respondería Dios? ¿Les haría Dios esperar por meses, o años, o aún décadas, antes de que un movimiento del Espíritu comenzara a tomar lugar? Tal vez nuestra poca fe, en cuanto a la habilidad de Dios de moverse con poder, se deba más a nuestra falta de arrepentimiento, que a la falta de poder y deseo de Dios para cambiar las cosas. Nosotros podemos tomar la decisión de buscar a Dios, aún podemos ayunar y orar, pero si no nos arrepentimos de nuestros pecados con toda sinceridad, vamos a darnos cuenta de que hay una barrera que todavía permanece.

"Porque los ojos de Jehová contemplan toda la tierra, para mostrar su poder a favor de los que tienen corazón perfecto para con él". 2 de Crónicas 16:9

Si el Cuerpo de Cristo en una ciudad, región o nación, decidiera colectivamente humillarse, orar, buscar Su rostro, y arrepentirse de cada uno de sus malos caminos, ¿respondería Dios? ¿No contestaría él y comenzaría a sanar la región? ¿No derramaría diligentemente Su Espíritu para establecer Su Reino en la tierra como lo es en el cielo? Tenemos que entender el corazón de Dios en estos asuntos. Él anhela responder a nuestras oraciones por un avivamiento regional más que lo nosotros deseamos pedirlo. Él acude con presteza a aquellos que le están invitando a que intervenga en la situación que enfrentan. Por consiguiente, el verdadero impedimento está en nuestra falta de humildad, oración, búsqueda, y arrepentimiento. Si nosotros tratáramos diligentemente con estos aspectos y aún no ocurriera algo enseguida, entonces tendríamos que confiar en el tiempo de Dios y ayudarle a cooperar con él en la solución.

Testimonio personal - Buscando un avivamiento a nivel nacional

No hace mucho tiempo que Dios comenzó a poner una carga sobre nuestra congregación local de creer a Dios para un avivamiento a nivel nacional. Cuando nuestro pequeño ministerio decidió organizar una conferencia, a nivel nacional, recibimos el apoyo de una organización grande, que estuvo dispuesta a enviar la invitación a su larga lista de asociados. Nos sentimos bendecidos por su disposición de ayudarnos en esa labor y, en realidad, dependíamos de ellos para que muchas personas participaran. Cuando ya estaba cerca la fecha del retiro nos percatamos de que sólo diez personas se habían inscrito. Como ya habíamos reservado una cantidad de habitaciones en un hotel, y habíamos firmado un contrato para ello, confrontábamos una obligación financiera, con tremendas implicaciones, si la conferencia resultaba un fracaso.

Comenzamos a orar con un gran sentido de desesperación, pero nada de lo que lo que estábamos haciendo incrementaba el número de inscripciones. Fue en ese momento que decidimos humillarnos corporativamente ante Dios y esperar en silencio. Una tarde, durante ese período de espera delante de él, Dios nos habló claramente y nos dijo: "Ustedes me están pidiendo que abra la nación para ustedes, pero todavía albergan los ídolos de la tierra en sus corazones. Sólo cuando me permitan tratar con estos ídolos, abriré la nación para ustedes".

Es duro expresar cuán humillante fue este mensaje para nuestro pequeño grupo. Éramos un puñado de 20 personas ayunando, orando, y creyendo que Dios movería nuestra nación. Pensábamos que estábamos llenos de Dios. Considerábamos que éramos la vanguardia, que íbamos al frente, corriendo la carrera por Dios en una nación que estaba muy lejos de él. Pensábamos que ya nos habíamos rendido a él, que nuestro compromiso con él era radical. Orábamos día y noche. Llorábamos delante de Dios y le suplicábamos por nuestra nación. Pero escuchar la perspectiva de Dios fue cómo un "sablazo" que cercenó nuestro fervor externo, revelando lo que había en realmente en nuestros corazones. Esto ilustra con claridad que podemos humillarnos, podemos orar y buscar de Dios, pero si no tenemos el arrepentimiento que agrada a Dios, todavía quedará un gran obstáculo.

Al principio todos quedamos petrificados en un silencio profundo, mientras el mensaje era conocido por todos los miembros de nuestro pequeño grupo. Y fue entonces que de forma asombrosa Dios comenzó a revelar, a cada uno, los ídolos que se escondían en nuestros corazones. Personalmente fui testigo de cómo Dios trató corporativamente con un grupo de personas. Para cada uno de nosotros los ídolos en nuestros corazones eran diferentes, pero él, con cuidado y con Su gracia, comenzó a trabajar en este nuevo nivel de arrepentimiento.

¿Cuál fue la respuesta de Dios a nuestro arrepentimiento? ¿Esperó Dios hasta que todos fuéramos perfectos para responder? ¡Definitivamente, no! Desde el momento que comenzamos a humillarnos sinceramente delante de él, se produjo una respuesta celestial. Uno por uno, líderes con mucha influencia a lo largo de la nación, comenzaron a enviar sus inscripciones para el retiro. No hicimos nada diferente en nuestra forma de publicar el evento pero, repentinamente, las personas comenzaron a ser guiadas por el Espíritu de Dios para viajar de todas las partes de la nación y participar de la conferencia. Como resultado de esa conferencia, ciudades claves de toda de la nación comenzaron a unirse, para trabajar juntas, por un avivamiento del Espíritu Dios a nivel nacional.

¿Cuál es el punto que quiero resaltar al compartir este testimonio? No es otro que dejar en claro que Dios es capaz de moverse a cualquier nivel de la sociedad: en un individuo, en una familia, en una congregación local, en una ciudad, o en una nación. Y también compartir que muchas veces, si no estamos viendo como Dios se mueve, ello tiene que ver con la profundidad y la sinceridad de nuestra humildad, o nuestra búsqueda de él, o nuestras oraciones, o nuestro arrepentimiento. Si nos falta alguno de estos componentes debemos reconocer de inmediato que nuestra imposibilidad para darnos cuenta de cómo Dios actúa poderosamente no se debe a su falta de deseo o habilidad para hacerlo. De seguro debe quedar algo dentro de nosotros que esté impidiendo que él se mueva con poder. Creo que si estamos dispuestos a permitir que Dios cambie nuestro incumplimiento y, en vez de pensar que estamos esperando que él se mueva, nos percatamos de que es él quien está esperando que nos pongamos de su lado para desplegar Su poder, podremos evitarnos mucho dolor innecesario.

La verdad del asunto es que Dios está esperando por nosotros. Está esperando que nos humillemos en lo más profundo de nuestros corazones. Está esperando que le busquemos con más intensidad que lo hemos hecho en el pasado. Está esperando que le permitamos enseñarnos lo que significa la oración para él. Y está esperando que nos arrepintamos de todo corazón de toda forma en que los ídolos de nuestra nación están habitando aún en nuestros corazones. Si hacemos nuestra parte, él hará la Suya. Y cuando él se mueva con poder, en nuestras vidas personales, matrimonios, familias, congregaciones y en nuestra ciudad o región, nos preguntaremos por qué no procuramos hacer esto mucho antes.

Preguntas para discusión

1. ¿Has sido parte, o has leído, acerca de algún avivamiento regional en el que el Espíritu de Dios se movió a través de un área completa? Si ha sido así, ¿qué puedes resaltar acerca del mismo?
2. ¿Crees qué hay algo que podemos hacer para preparar nuestras vidas para un movimiento del Espíritu a nivel regional? Si así lo crees, ¿qué podemos hacer?
3. ¿Qué fue lo que más te impactó del testimonio compartido en este capítulo?

Pasos de acción

Basados en las cuatro claves para la renovación: humildad, oración, búsqueda del rostro de Dios y arrepentimiento, ¿qué es lo que el Espíritu de Dios te está diciendo? Toma tiempo para preguntarle a Dios cómo él quiere que respondas. Espera hasta que él te hable. Escribe lo que él te revele y llévalo a la práctica.

Humildad:

_____

_____

Oración:

_____

_____

Búsqueda del rostro de Dios:

_____

_____

Reas de tu vida que necesitan arrepentimiento:

_____

_____

Enfoque de oración

Queremos orar para que se produzca un avivamiento en nuestra nación:

Padre, te doy gracias porque deseas moverte en mi nación mucho más de lo que yo deseo que lo hagas. Quiero que me muestres cualquier cosa que haya en mi vida y que está impidiendo que tú te muevas en mi nación de la forma que deseas hacerlo. Te doy gracias porque estoy convencido de que eres más que capaz de moverte poderosamente en mi nación. Úsame, como parte de tu solución. (Continúa orando conforme el Espíritu te guíe).

Nota: Disciple Nations International coopera con varias ciudades y naciones para ayudarles en su búsqueda de una renovación corporativa. Si estás interesado en alguno(s) de los recursos disponibles puedes contactarnos a: office@dninternational.org o visitarnos en la red a: http:/www.dninternational.org/

Capítulo 11: Estableciendo el Reino de Cristo en el lugar de trabajo

En capítulos anteriores hemos visto como el Espíritu de Dios puede impactar la vida de una persona, así como en un matrimonio y/o familia. El próximo paso es comenzar a buscar la sabiduría de Dios para saber cómo desea él transformar nuestra esfera de influencia. Debemos unirnos en oración a otros seguidores de Jesús para contribuir a que adoptemos un estilo de vida de búsqueda de Dios en nuestro lugar de trabajo y en nuestra comunidad. Hay algunos centros que han sido transformados cuando, al menos un seguidor de Cristo, ha comenzado este proceso de invitar al Espíritu de Dios a moverse en su medio.

Imagina cada negocio, cada faceta del gobierno, y cada escuela, guiada por aquellos que están procurando un estilo de vida fortalecido por el poder del Espíritu Santo. Imagina reuniones de oración con el propósito de penetrar las tinieblas en un banco local, un restaurante, una firma de ingenieros, una ciudad universitaria, una escuela elemental, una estación de televisión, y un departamento de policía. Imagina compañeros de trabajo, maestros y estudiantes siendo testigos del poder del Dios Vivo abriendo puertas para compartir el Evangelio donde sólo había habido corazones endurecidos. Imagina negocios enteros experimentando transformación por la obra del Espíritu de Dios. ¡Las posibilidades son innumerables!

"El Espíritu del Señor me ha ungido para traer buenas nuevas a los afligidos, me ha enviado para vendar a los quebrantados de corazón, para proclamar libertad a los cautivos y liberación a los prisioneros". Isaías 61:1

Testimonio sobre el establecimiento del Reino de Cristo en un negocio

En poco tiempo, el Espíritu de Dios comenzó a mostrarle los procedimientos poco éticos que aún se empleaban en la empresa. Él estaba pidiendo al Espíritu Santo que obrara en su centro de trabajo, mientras que él todavía estaba contribuyendo con prácticas inapropiadas de su empresa. Cuando se arrepintió de permitir ciertas concesiones financieras, el Espíritu de Dios comenzó a moverse en el departamento para que muchos aceptaran la fe en Jesucristo. Puso en riesgo su posición para obedecer a Dios, pero no demoró mucho antes que su pequeño grupo creciera de unas diez personas hasta alcanzar unos cuarenta o cincuenta, que se reunían regularmente para buscar a Jesús.

Pero el Espíritu de Dios comenzó a revelar otra área de pecado. La empresa estaba reteniendo a los trabajadores hasta muy tarde a fin de cumplir con las cuotas de producción, al extremo que los empleados no tenían tiempo de ir a sus casas, compartir con sus familias y ayudarles a adoptar un estilo de vida de búsqueda de Dios. La relación con sus esposas e hijos estaba sufriendo.

De manera que, este hombre arriesgó de nuevo su posición y decidió permitir a los empleados que se fueran a sus hogares a las 6 p.m. y dejó de obligarles a trabajar horas extra, para que pudieran dedicar tiempo a sus familias. Pero si por esta razón la cuota de producción no se cumplía, él perdería su empleo.

No pasó mucho tiempo sin que su superior se le acercara para preguntarle: "¿Qué está ocurriendo en su departamento?" Él entonces, con toda honestidad, expuso que ellos estaban buscando honrar a Jesucristo en el centro de trabajo. Al principio su supervisor no creyó que estaba hablando en serio, pero eventualmente le dijo: "Su departamento se ha convertido en el más productivo de toda la compañía. Cualquier cosa que usted esté haciendo aquí, queremos que la comparta con el resto de los jefes de departamentos. Hemos citado a una reunión de una hora de duración para que usted comparta su experiencia con ellos".

En la reunión, este hombre tuvo una presentación con cinco puntos a destacar. Para comenzar su plática usó una diapositiva que tenía estas palabras: "El temor del Señor es el principio de la sabiduría" (Proverbios 1:7), y concluyó con otra diapositiva con esta declaración: "Jesucristo es la solución a todos nuestros problemas". Aunque algunos jefes de departamentos eran de trasfondo budista, uno de ellos declaró: "Tal vez no pueda entender todo esto, ¡pero hay algo especial acerca de este Jesús!". Ahora, ¡los seguidores de Cristo tienen una visión con respecto al establecimiento de un estilo de vida en cada departamento de toda la compañía!

¡Una sola persona, con una visión para establecer el Reino de Cristo en su lugar de trabajo, ha producido un impacto en toda una empresa!

Éste es solo un ejemplo entre miles alrededor del mundo. En Taiwán, cientos de grupos de profesionales del mundo de los negocios están comenzando a conducir a sus centros de trabajo a los pies de Jesús, al tiempo que han establecido un estilo de vida corporativo buscando a Dios. Los testimonios llegan de oficinas de gobierno, estudios de cine y televisión, pequeños negocios, y oficinas médicas. Es verdaderamente asombroso lo que Dios es capaz de logar cuando ponemos nuestra fe en él y le permitimos vivir Su Vida en nosotros y a través de nosotros.

Ahora mismo, en Uganda, prácticamente cada negocio en la ciudad capital de Kampala, tiene reuniones corporativas de seguidores de Cristo que están buscando de él. Creyentes de diferentes congregaciones se reúnen para leer la Palabra de Dios, adorar, orar e invitar a Dios para obedecer sus enseñanzas en sus centros laborales. Estos grupos fraternales oran estratégicamente por las condiciones en sus centros de trabajo y han visto dramáticas respuestas a sus oraciones. Estas fraternidades en centros laborales han llegado hasta la oficina del Presidente de la nación, el Parlamento, bancos, hoteles, y virtualmente cada sector de la vida de ese país. Ahora hay muchos negocios que han adoptado nombres que alaban a Dios (Por ejemplo: "Hosanna Realty", "Hallelujah Video Rental").

En parte, vemos el Reino de Dios manifestándose en el mundo de los negocios al ver como se han reasignado los recursos económicos de la tierra para que sea establecido el Reino de Cristo. Mientras que anteriormente los recursos de la tierra estaban dedicados a incrementar tinieblas, ahora se ha producido un cambio para que los recursos financieros sean puestos en manos piadosas y bien intencionadas, y sean usados para propósitos de Cristo en la tierra.

¿Crees que tal cosa puede ocurrir en tu nación? Pero, más importante aún, ¿crees que Dios piensa que eso es posible? ¿Crees que Dios desea que esto suceda en el lugar donde trabajas? Si es así, entonces vamos a conectar nuestros corazones con Su fe y confiar en que él nos guiará adecuadamente para que esto acontezca en nuestra esfera de influencia.

Base bíblica para el ministerio en el mundo mercantil

"Ahora pues, si en verdad escucháis mi voz y guardáis mi pacto, seréis mi especial tesoro entre todos los pueblos, porque mía es toda la tierra; y vosotros seréis para mí un reino de sacerdotes y una nación santa". Estas son las palabras que dirás a los hijos de Israel". Éxodo 19:5-6

Dios dijo a los hijos de Israel que llegaría un día cuando ellos se convertirían en un "reino de sacerdotes". Esta era una referencia al reino que vendría a través de Jesús, en el cual cada creyente vendría a ser un sacerdote de Dios.

Todo seguidor de Cristo es un sacerdote y el lugar de trabajo es nuestro campo misionero

Tristemente, en muchas partes del mundo, el Cuerpo de Cristo no ha sido instruido y fortalecido apropiadamente para ver el mundo del trabajo y los negocios como su campo misionero. Alcanzar el mundo mercantil con el Evangelio del Reino es de importancia crítica si vamos a llevar a nuestra nación a la plenitud de los propósitos de Dios. Según lo expresa la Primera Carta de Pedro, es evidente que todo creyente nacido de nuevo es un sacerdote de Dios.

"Y viniendo a él como a una piedra viva, desechada por los hombres, pero escogida y preciosa delante de Dios, también vosotros, como piedras vivas, sed edificados como casa espiritual para un sacerdocio santo, para ofrecer sacrificios espirituales aceptables a Dios por medio de Jesucristo. Pero vosotros sois LINAJE ESCOGIDO, REAL SACERDOCIO, NACIÓN SANTA, PUEBLO ADQUIRIDO PARA POSESIÓN DE DIOS, a fin de que anunciéis las virtudes de aquel que os llamó de las tinieblas a su luz admirable". 1 Pedro 2:4-5, 9

¿Crees que hay personas que no son ministros, a tiempo completo, en la Iglesia de Cristo? ¿Te consideras tú un ministro del Evangelio a tiempo completo? "*Y cantaban un cántico nuevo, diciendo: "Digno eres de tomar el libro y de abrir sus sellos, porque tú fuiste inmolado, y con tu sangre compraste para Dios a gente de toda tribu, lengua, pueblo y nación. Y los has hecho un reino y sacerdotes para nuestro Dios, y reinarán sobre la tierra".* Apocalipsis 5:9-10*

La Palabra de Dios nos enseña que todo creyente "nacido de nuevo" es un ministro, sin importar cual sea el terreno en que su labor se desarrolle. Mientras que hay niveles de madurez espiritual (1 Corintios 3:1), y mientras que hay fieles creyentes que han recibido la responsabilidad de servir como supervisores y maestros en la Iglesia (Hechos 14:23, Tito 1:5, Santiago 3:1), nunca debemos permitir que esto nos lleve a pasar por alto que todo creyente nacido de nuevo es un ministro del Evangelio.

¿Reconoce el Cuerpo de Cristo, a nivel global, que muchas personas pasan la mayor parte de su tiempo en su lugar de trabajo?

¿Estamos conscientes de que la Iglesia "es el pueblo que tiene una relación de pacto con Jesucristo" y no un tipo específico de edificio religioso? ¿Nos percatamos de que todos los seguidores de Cristo han sido llamados a ser sacerdotes de Dios, justo en el lugar donde ellos viven y trabajan?

¿Puede el Cuerpo de Cristo darse el lujo de ignorar el lugar de trabajo? ¿Reconocemos nosotros, como Iglesia, la tremenda oportunidad y responsabilidad que Jesucristo ha dado a sus seguidores, de discipular las almas que ha puesto en nuestro lugar de trabajo? Si no nos damos cuenta de que el lugar de trabajo es uno de los principales campos misioneras para el Cuerpo de Cristo, estamos perdiendo la perspectiva que Dios. Él nos ha llamado a ser sus embajadores para servir, cada día, a un mundo perdido y agonizante.

"Y todo esto procede de Dios, quien nos reconcilió consigo mismo por medio de Cristo, y nos dio el ministerio de la reconciliación; a saber, que Dios estaba en Cristo reconciliando al mundo consigo mismo, no tomando en cuenta a los hombres sus transgresiones, y nos ha encomendado a nosotros la palabra de la reconciliación. Por tanto, somos embajadores de Cristo, como si Dios rogara por medio de nosotros". 2 Corintios 5:18-20

¿Qué sucedería si aquellos que están en posiciones de influencia en el gobierno, negocios, educación, medios de comunicación y las artes, usaran su influencia para Jesucristo? ¿Qué impacto comenzaría a tener esto en todas las facetas de la vida de nuestra sociedad? ¿Alcanzaríamos ver ciudades enteras transformadas mientras se va estableciendo el Reino de Dios? (Hechos 17:6)

Preguntas para discusión

1. ¿Te consideras, tú mismo, como un ministro del Evangelio a tiempo completo?
2. ¿Crees ahora que estás en un ministerio a tiempo completo? ¿Por qué, o por qué no?
3. 2 Corintios 5 declara que somos "embajadores" en nombre de Cristo y se nos ha encomendado el "ministerio, o la palabra, de reconciliación," ¿Qué piensas que esto significa?
4. ¿Cómo este capítulo te ha motivado a reflexionar o confirmar tu entendimiento sobre el "ministerio a tiempo completo"?
5. ¿Qué diferencia establece reconocer que eres un misionero en tu esfera de influencia? ¿Cómo debe afectar esto tu estilo de vida?

Pasos de acción

Percatarte de que Dios te ve como un misionero debe llevarte a reflexionar en el enfoque que tienes con respecto a tu lugar de trabajo/esfera de influencia. Pide al Espíritu Santo que te revele algún paso de acción específico que él desea que tomes con respecto a tu esfera de influencia. En oración, escribe y considera como Dios puede estar pidiéndote que comiences algún tipo de reunión corporativa de creyentes en tu lugar de trabajo.

_____

_____

_____

Los que están en un centro de trabajo: comiencen a orar pidiendo al Espíritu de Dios que les conceda sabiduría para conocer como invitarle para que él se mueva en su centro laboral. Muchas veces el primer paso es permitir al Espíritu de Dios que obre más profundamente en tu corazón y en tu vida.

Como ya hemos mencionado, algunos que no conocían otros creyentes en el lugar, comenzaron solos, pero no pasó mucho tiempo sin que Dios bendijera sus labores. Esperamos y oramos que los testimonios de transformación de centros laborales enteros, gracias a que un seguidor de Cristo comenzó a hacer la obra lleno de fe, sirvan de estímulo para derribar cualquier obstáculo que el enemigo pueda presentarte, y simplemente comienza a confiar en que Dios puede usar tu vida para establecer Su Reino en tu lugar de trabajo.

Enfoque de oración

Queremos orar en la certeza de que todo creyente nacido de nuevo en Jesucristo es un sacerdote y ministro del Dios Vivo.

Padre, te doy gracias por llamarme a tu servicio. Te pido que me ayudes a ver que soy un sacerdote en mi esfera de influencia, y que de mi estilo de vida dependerá que otros sean atraídos a ti o se mantengan alejados. Deseo ser un embajador fiel de tu Reino en mi esfera de influencia. Ayúdame a escucharte, y saber cómo deseas que yo establezca una diferencia en el lugar donde me has colocado. Te doy gracias, anticipadamente, por el fruto que habrás de producir en mi vida, y a través de ella, mientras confío en ti para que me uses para tu gloria. (Continúa orando sobre esto conforme Dios te dirija).

Para recursos adicionales visita la sección Marketplace Revolution en nuestra página en la red electrónica: www.dninternational.org/marketplace.

Capítulo 12: Estableciendo el Reino de Cristo en una congregación y en una región

Ya hemos discutido lo que significa comenzar a ver el establecimiento del Reino de Dios en nuestras vidas, familias y nuestros lugares de trabajo, ahora consideraremos como el estilo de vida fortalecida por el Espíritu puede impactar una congregación local y todo el Cuerpo de Cristo en una región completa.

Testimonio personal – Avivamiento congregacional

Personalmente, fui testigo del avivamiento a nivel congregacional que comenzó a impactar otras ciudades a través del país. Fue un avivamiento similar a esos de los que podemos leer en algún libro del pasado. No fue aparatoso y tampoco llamó la atención hacia alguna personalidad en particular. Comenzó en pequeña escala, en los corazones de un puñado de líderes. Dios nos estaba mostrando cuan auto-suficientes habíamos sido al procurar hacer su obra en la congregación, así como en nuestra ciudad. Habíamos estado tan dedicados a unir el Cuerpo de Cristo y a trabajar juntos por un avivamiento a nivel de toda una ciudad, que habíamos fallado en ver cuánto de lo que estábamos haciendo respondía a métodos y esfuerzos meramente humanos.

Me percaté de como el Espíritu de Dios comenzó a bregar corporativamente con los patrones pecaminosos que teníamos en nuestro grupo. Acudíamos a tiempos de oración y adoración, y el Espíritu de Dios nos mostraba el profundo pecado que había en algunas áreas de nuestras vidas. Comenzamos a tener tiempos de oración intercesora y adoración casi todas las noches. Esto se mantuvo por algún tiempo, a la vez que Dios comenzó a enviarnos a las calles para alcanzar almas para él. Mientras que él continuaba obrando profundamente en nuestras vidas y trayendo avivamiento a nuestra congregación, la congregación comenzó a tener más relevancia en el área. Pronto el pastor principal fue colocado como el líder de la asociación ministerial de las ciudades del área, y uno de los miembros del staff fue designado para ayudar a dirigir un proyecto con jóvenes a nivel de toda una ciudad. Pudimos ver como Dios comenzó a usarnos de una forma que jamás hubiéramos podido imaginar.

Estableciendo una congregación local fortalecida por el Espíritu Santo

Hay muchas dinámicas diferentes en una congregación local y por ello será importante que el grupo clave de líderes busque, en comunión con el Señor, los detalles de este estilo de vida fortalecido por el Espíritu.

Hay varias áreas fundamentales que una congregación local debe tomar en cuenta para acometer el proceso de establecer ese estilo de vida.

Equipo clave de líderes

Puedes comenzar seleccionando un equipo clave de líderes en la congregación, de la misma forma que Jesús llamó a sus doce discípulos, y comenzar a diseñar la visión para el impacto que este estilo de vida podría tener en sus vidas como individuos, en las vidas de sus familias y en la congregación en general. A la vez que los miembros de ese equipo se adentran en la realidad de ese estilo de vida fortalecido por el Espíritu, se debe comenzar a involucrar al resto de la congregación en el proceso.

En manera ninguna esto significa que no puedes intentar, individualmente, llevar a toda la congregación a este estilo de vida fortalecido por el Espíritu, toda vez que el Señor señala que esa es la dirección. Simplemente estamos mencionando un concepto que se nos muestra en las Escrituras. En la Biblia vemos a un equipo de discípulos actuando en consonancia con la agenda de Dios, y él lo usa para llevar el Reino a otras personas. Comenzar con un equipo de líderes evita que una sola persona trate de controlar lo que Dios está haciendo, y facilita que muchos obreros cooperen compartiendo testimonios y entrenando a otros para entrar en ese estilo de vida fortalecido por el Espíritu.

Presenta la visión a la congregación

Una vez que estás listo para comunicarlo a toda la congregación, debes comenzar con un período de testimonios que compartan lo que significa que las personas y las familias entren en un estilo de vida fortalecido por el Espíritu. Si comenzaste con tu equipo de líderes adoptando este estilo de vida, entonces debes tener testimonios locales de cómo ese estilo ha impactado las vidas de otras personas.

Determina una perspectiva a largo plazo para saturar a la congregación con un estilo de vida fortalecido por el Espíritu Santo

En vez de programar un fin de semana de conferencias, o dedicar un mensaje en el culto dominical para reflexionar en lo que significa un estilo de vida fortalecido por el Espíritu, considera dedicar un período de tiempo más extenso. De la misma forma que una persona necesita tiempo para reflexionar en la realidad de una vida rendida totalmente a Cristo, así también le tomará algún tiempo a toda una congregación para entrar en este estilo de vida.

Sé paciente y continúa enfatizando el valor de este estilo de vida. A la vez que tú y tu equipo de líderes profundiza en este estilo de vida, toma tiempo para saturar a la congregación con enseñanzas de lo que significa vivir conectados con el Espíritu de Dios. (Tal vez necesites de 6-12 meses para abordar todos los puntos relacionados con este tema. Una vez al mes, o cada dos meses, puedes hacer una evaluación del progreso alcanzado y pedir sabiduría al Espíritu Santo para ver esto a profundidad).

Imagina por un momento que Dios comenzara a edificar ese estilo de vida fortalecido por el Espíritu en cada miembro de tu congregación. Imagina lo que sucedería cuando te reunieras a buscar del Señor con los que ya han estado haciéndolo por ellos mismos. Esa sería una congregación en misión con Dios cada día, y no solamente los domingos. Muchas almas alcanzarían conocer al Salvador. Muchas personas estarían entrenando a otros para ser efectivos ministros del Evangelio. Familias y niños comenzarían a ser transformados por el Espíritu de Dios en sus hogares. Este testimonio congregacional comenzaría a ser un modelo para otros ministerios en la región sobre la necesidad de establecer este estilo de vida en sus respectivas congregaciones.

Estableciendo el Reino de Cristo en nuestra región

Ver este estilo de vida establecido en una congregación local es algo maravilloso y puede tener un gran impacto en toda el área. Pero si deseamos ver toda nuestra región, o nuestra nación, transformada, debemos comenzar a ver la Iglesia como Dios la ve. Debemos comenzar a plantearnos preguntas serias que reten el status quo conque la Iglesia ha estado operando hasta ahora.

¿Era el propósito de Dios que hubiera hoy 40,000 denominaciones diferentes?

Cuando Dios contempla nuestra región, ¿mira todas las divisiones que hemos establecido con diferentes nombres, títulos y posiciones, o mira él que hay una sola Iglesia?

"Y conociendo Jesús sus pensamientos, les dijo: "Todo reino dividido contra sí mismo es asolado, y toda ciudad o casa dividida contra sí misma no se mantendrá en pie". Mateo 12:25

Jesús fue bien claro al afirmar que un reino que estuviera dividido contra sí mismo no podría mantenerse y sería arrasado. Si vemos que la Iglesia no está teniendo el impacto que Jesús espera de ella, sería sabio que miráramos dentro de nosotros para ver si estamos anidando alguna división o falta de compasión. Es absolutamente esencial, en nuestra tarea para establecer el Reino de Dios, mantener un corazón lleno de amor y unidad con el resto del Cuerpo de Cristo.

"Por lo tanto, si estás presentando tu ofrenda en el altar y allí te acuerdas que tu hermano tiene algo contra ti, deja tu ofrenda allí delante del altar, y ve, reconcíliate con tu hermano; y entonces ven y presenta tu ofrenda". Mateo 5:23-24

Una correcta disposición hacia el Reino con respecto a la iglesia de Cristo

¿Sabías tú que la Iglesia Primitiva consideraba que cada seguidor de Cristo en su ciudad era parte de la misma Iglesia? Aún cuando se reunieran en diferentes lugares y tuvieran diferente liderazgo, ellos creían que todos eran parte de una sola Iglesia.

"Y la mano del Señor estaba con ellos, y gran número que creyó se convirtió al Señor. Y la noticia de esto llegó a oídos de la iglesia de Jerusalén y enviaron a Bernabé a Antioquía".
Hechos 11:21-22

"En la iglesia que estaba en Antioquia había profetas y maestros..." Hechos 13:1

Lucas habla de una sola iglesia en Jerusalén y Antioquía aún cuando los creyentes se estaban reuniendo en lugares diferentes a través de esas ciudades.

Veamos las palabras de Pablo a la Iglesia en las ciudades de Corinto y Éfeso:

"A la iglesia de Dios que está en Corinto, a los que han sido santificados en Cristo Jesús, llamados a ser santos ...". **1 Corintios 1:2**

"Pablo, apóstol de Cristo Jesús por la voluntad de Dios, y el hermano Timoteo: A la iglesia de Dios que está en Corinto..."
2 Corintios 1:1

"Pablo, apóstol de Cristo Jesús por la voluntad de Dios: A los santos que están en Efeso y que son fieles en Cristo Jesús".
Efesios 1:1

Dios ve una sola iglesia en nuestra región

Más importante aún, ¿cuál es la perspectiva de Jesús acerca de Su Iglesia en una región? Después de todo, ésta es Su Iglesia. ¿Aprueba él nuestras diferencias? ¿Nos ve él de la misma forma que nosotros nos vemos a nosotros mismos? ¿Es posible que él pase por alto nuestros estándares, y nuestros títulos, y espere algo más grande que lo que estamos reflejando?

> Jesús dice:
> Apocalipsis 2:1 "Escribe l ángel de la iglesia en Efeso"
> 2:8 "Y escribe al ángel de la iglesia en Esmirna..."
> 2:12 "Y escribe al ángel de la iglesia en Pérgamo..."
> 2:18 "Y escribe al ángel de la iglesia en Tiatira..."
> 3:1 "Y escribe al ángel de la iglesia en Sardis..."
> 3:7 "Y escribe al ángel de la iglesia en Filadelfia..."
> 3:14 "Y escribe al ángel de la iglesia en Laodicea..."

Jesús contempla una sola Iglesia en nuestra ciudad, una Iglesia en nuestra nación y una Iglesia en todas las naciones. Es por ello imprescindible que comencemos a conducir las cosas del Reino con esa visión de Jesús, en lugar de continuar haciéndolo como otros lo hacen en el sistema religioso actual.

"La gloria que me diste les he dado, para que sean uno, así como nosotros somos uno: yo en ellos, y tú en mí, para que sean perfeccionados en unidad, para que el mundo sepa que tú me enviaste, y que los amaste tal como me has amado a mí".
Juan 17:22-23

Imagina los líderes espirituales de una región reuniéndose cada semana para buscar la intervención de Dios. Imagina un grupo de 50 a 100 congregaciones uniéndose cada mes para traer el Reino de Dios a su área. Imagina si cada congregación participante tuviera ya equipada toda su membresía para establecer un estilo de vida fortalecido por el Espíritu en cada matrimonio, familia, lugar de trabajo, y círculo de influencia. Imagina miles de seguidores de Cristo, de muchas diferentes denominaciones de una región, reunidos periódicamente para buscar de Dios.

Comunidades enteras serían transformadas en menos de un año. Ciudades enteras serían alcanzadas por el Evangelio de Jesucristo. Matrimonios serían restaurados a lo largo de la sociedad. No sólo un individuo, sino toda una escuela o toda una comunidad de jóvenes serían rescatados de estilos de vida destructivos para tener un nuevo propósito en la vida. El poder espiritual colectivo de tal contingente de creyentes, unidos en un estilo de vida de total dependencia al Señor Jesucristo, podría transformar toda una nación. Afirmar esto no es una exageración.

En años recientes, literalmente hablando, el establecimiento de un estilo de vida fortalecido por el Espíritu Santo en la iglesia de una región ha comenzado a cambiar el curso de naciones enteras. De hecho, la unión de ministerios a nivel nacional en Uganda preparó el camino para que el Espíritu de Dios instara al Presidente a entregar la bandera de la nación al Cuerpo de Cristo. Aquellos que vivieron esa experiencia afirman que ese fue el momento crucial para que el Evangelio comenzara a penetrar cada faceta de la sociedad.

Ver la necesidad de que el Cuerpo de Cristo en una región trabaje unido

Cuando comenzamos a ver la tremenda tarea de traer el Reino de Dios a todos los aspectos de la vida, comenzamos a ver la necesidad de participar con cada sector del Cuerpo de Cristo. Si nuestra tarea es discipular cada faceta de nuestra nación conforme a la voluntad y los caminos de Jesucristo, entonces no tenemos tiempo para divisiones. No tenemos tiempo para disputas doctrinales triviales. De pronto nos percatamos de que la unidad con las otras partes del Cuerpo de Cristo es absolutamente esencial si queremos cumplir con los propósitos que el Señor tiene en Su corazón. Esto se espera de cada individuo que forma parte del Cuerpo de Cristo.

Necesitamos los talentos de cada uno, necesitamos su llamado, necesitamos sus oraciones y su asistencia. Cada elemento es esencial si queremos ser un cuerpo funcional, capaz de discipular toda la región.

"Sino que hablando la verdad en amor, crezcamos en todos los aspectos en aquel que es la cabeza, es decir, Cristo, de quien todo el cuerpo (estando bien ajustado y unido por la cohesión que las coyunturas proveen), conforme al funcionamiento adecuado de cada miembro, produce el crecimiento del cuerpo para su propia edificación en amor". **Efesios 4:15-17**

Si todo lo que Dios nos estaba llamando a hacer era plantar una iglesia en nuestra ciudad, y que un pequeño porcentaje de personas tuviera la oportunidad de escuchar el mensaje del Evangelio, entonces una sola congregación puede cumplir con esa tarea. Pero si Dios, literalmente, nos está llamando a discipular cada aspecto de la vida en nuestra ciudad, entonces será bien difícil para una sola congregación local cumplir con esa función. Más aún, si el llamado de Dios a Su Iglesia es discipular cada aspecto de la sociedad en nuestra nación, entonces nuestros ojos deben estar siempre abiertos para que, sin importar cuál sea la magnitud de nuestro ministerio, jamás pretendamos cumplir nosotros solos con la misión que Dios nos ha encomendado. Necesitamos la colaboración de otros, de todos.

Al entrar de lleno en esta realidad, nuestros corazones comenzarán a desear y procurar la unidad por la que Jesús oró y de la cual podemos leer en Juan 17:22-23. Comenzaremos a sentir el peso de la responsabilidad de ir por toda la ciudad y reunirnos con los otros ministerios de nuestra región. Buscaremos tiempo para que esto ocurra. Consideraremos, cada vez más seriamente, cuanto necesitamos cada parte del Cuerpo de Cristo para cumplir con los propósitos de Dios.

El reto a comenzar la edificación

"No los echaré de delante de ti en un solo año, no sea que, a fin de que la tierra no quede desolada y se multipliquen contra ti las bestias del campo. Poco a poco los echaré de delante de ti, hasta que te multipliques y tomes posesión de la tierra". **Éxodo 23:29, 30**

"También decía: "¿A qué compararemos el Reino de Dios, o con que parábola lo describiremos? Es como un grano de mostaza, el cual, cuando se siembra en la tierra, aunque es más pequeño que todas las semillas que hay en la tierra, sin embargo, cuando es sembrado, crece y llega a ser más grande que todas las hortalizas y echa grandes ramas, tanto que las aves del cielo pueden anidar bajo su sombra". Marcos 4:30-32

Puede que al principio no parezca significativo, pero Dios usará los pasos que demos en obediencia a él para traer gloria y honor a Su Nombre. ¿Darás el paso para comenzar a edificar el Reino de Cristo en tu nación estableciendo un estilo de vida fortalecido por el Espíritu Santo en tu vida personal, la de tu familia, y en tus círculos de influencia? Si es así, decide comenzar a edificar ahora, mientras que todavía hay tiempo.

Preguntas para discusión

1. ¿Cómo crees que el establecimiento de un estilo de vida fortalecido por el Espíritu cambiaría las relaciones en tu familia de la iglesia? ¿Cómo podría lucir eso? Permite que el Espíritu de Dios haga nacer esta visión en tu corazón.
2. ¿Qué piensas tú que cambiaría si todos comenzaran a funcionar como una sola iglesia en tu región en vez de hacerlo como entidades separadas? ¿Cómo podría lucir esto? Permite que el Espíritu de Dios haga nacer esta visión en tu corazón.
3. ¿En qué forma has permitido que falte en tu corazón el amor hacia otros miembros o segmentos del cuerpo de Cristo? ¿Por qué piensas que has permitido esa falta de amor hacia ellos?
4. Si sabemos que Dios nos pide que amemos aún a nuestros enemigos, ¿cómo podría el Espíritu de Dios producir un cambio en tu corazón hacia ese otro miembro o segmento del Cuerpo de Cristo?

Pasos de acción

- Congregación Local: Pregunta al Espíritu de Dios cómo podrías ayudar en la edificación de un estilo de vida fortalecido por el Espíritu en tu congregación local. Escribe algo que el Señor te haya comunicado.

  _____

  _____

- Pregunta al Espíritu de Dios cómo quisiera él que comenzaras a unirte a otras congregaciones locales en tu región para llegar a ver este estilo de vida fortalecido por el Espíritu impactando el área. Escribe alguna cosa(s) que el Señor te esté comunicando:

  _____

  _____

Enfoque de oración

- Estableciendo una congregación fortalecida por el Espíritu

  Ora por lo que Dios ha compartido contigo mientras consideras que puedes llevar a cabo para contribuir a que establecimiento de un estilo de vida fortalecido por el Espíritu en tu congregación local sea una realidad.

- Estableciendo una iglesia regional fortalecida por el Espíritu

  Dedica tiempo para esperar en el Señor y permite a Su Espíritu que te recuerde cualquier falta de amor que hayas tenido hacia tu familia, amigos, y otros en el Cuerpo de Cristo. Para cada una de estas áreas, espera hasta que una revelación venga de Él con respecto a la condición de tu corazón. Escribe lo que el Señor te manifieste sobre tu falta de amor.

  - Miembros de la familia:

    _____

    _____

  - Amigos:

    _____

    _____

- Otros miembros de la congregación local donde te reúnes:

_____

_____

- Otros segmentos del cuerpo de Cristo en tu comunidad/ciudad/nación:

_____

_____

- Ahora, pide al Señor que llene tu corazón por cada persona segmento del Cuerpo de Cristo que él te revele.
- Permite que Dios quite de tu corazón aquello que te haya llevado a dejar de amarles como Dios te ha mandado que lo hagas.
- Sé obediente a lo que el Espíritu de Dios te pida que hagas para arreglar la situación.
- Confía en el Señor para traer unidad a cualquier división que exista en el Cuerpo de Cristo.

Capítulo 13: Re-edificando "los muros y las puertas" de nuestra nación

Al comenzar este proceso de procurar el discipulado de nuestra nación en la voluntad y los caminos de Jesucristo, debemos considerar el caso de Nehemías, en el Antiguo Testamento, ya que nos ofrece un magnífico ejemplo de lo que puede suceder. Nehemías se percató de la triste condición en que se encontraba su nación y todo apuntaba a que no había esperanza alguna de recuperación. Nehemías evaluó diferentes situaciones y se dio cuenta de que la tarea no era fácil. Pero, como veremos, cuando Dios está detrás de una persona, una región entera puede ser transformada.

Primera etapa: Análisis de la situación – Una conciencia más profunda de nuestro estado actual como nación

"Y me dijeron: "El remanente, los que sobrevivieron a la cautividad allí en la provincia, están en gran aflicción y oprobio, y la muralla de Jerusalén está derribada y sus puertas quemadas por el fuego". Nehemías 1:3

Lo primero que ocurrió a Nehemías en su ministerio fue que se dio cuenta de que el pueblo de Jerusalén sufría una profunda aflicción. Las murallas de Jerusalén estaban destruidas y las puertas consumidas por el fuego. Las murallas representaban la protección, y las puertas representaban el acceso al lugar donde se hacían las decisiones, a fin de mantener el mal fuera de la ciudad, o permitir que las cosas buenas entraran en ella. Una ciudad sin puertas no tiene control sobre el mal que pugna por entrar y las cosas buenas que se pueden escapar. Una ciudad sin murallas está indefensa frente a sus enemigos. No es necesario decir que estas no eran buenas noticias para el pueblo de Jerusalén.

Segunda etapa: Un período de llanto, lamento, ayuno y oración

"Y cuando oí estas palabras, me senté y lloré, e hice duelo algunos días, y estuve orando y ayunando delante del Dios del cielo". Nehemías 1:4

Algunos de nosotros podemos necesitar algún tiempo para darnos cuenta de cuan apartados estamos de los deseos del corazón de Dios en nuestras vidas como individuos, en nuestras familias, en nuestra esfera de influencia, y también en nuestra nación. Puede que necesitemos un tiempo para sentarnos y llorar al ver como están las cosas. Para que el Espíritu de Dios quebrante nuestros corazones con aquello que quebranta su propio corazón. Y será entonces que desearemos ardientemente ver a Dios trayendo el cambio que necesitamos.

Tercera etapa: La decisión de comenzar la re-edificación

"Entonces les dije: "Vosotros veis la mala situación en que estamos, que Jerusalén está desolada y sus puertas quemadas a fuego. ¡Venid, reedifiquemos la muralla de Jerusalén para que ya no seamos un oprobio! Y les conté como la mano de Dios había sido bondadosa conmigo, y también las palabras que el rey me había dicho. Entonces dijeron: Levantémonos y edifiquemos. Y esforzaron sus manos para bien". Nehemías 2:17-18

Después de analizar las malas noticias, Nehemías decidió ser parte de la solución. En lugar de dejar que las cosas negativas le desalentaran, él propuso en su corazón que las cosas tenían que cambiar y él iba a cumplir con su parte en esa obra. A pesar de la magnitud de la tarea, Nehemías oró y pidió al Rey que le ayudara. Luego recorrió la ciudad para inspeccionar personalmente toda la destrucción. Después de esto Nehemías no sólo tomó la decisión de comenzar la re-edificación, sino que también motivó a otros, a través de la ciudad, para que se unieran a él en esta "buena obra".

Cuarta etapa: Oposición del enemigo

"Pero cuando se enteraron Sanbalat horonita, Tobías el oficial amonita y Gesem el árabe, se burlaron de nosotros, nos despreciaron y dijeron: ¿Qué es esto que estáis haciendo? ¿Os rebeláis contra el rey?" Nehemías 2:19

"Sanbalat y Gesem me enviaron un mensaje, diciendo: Ven, reunámonos en Quefirim en el llano de Ono. Pero ellos tramaban hacerme daño. Y les envié mensajeros, diciendo: Yo estoy haciendo una gran obra, y no puedo descender. ¿Por qué ha de detenerse la obra mientras la dejo y desciendo a vosotros? Y cuatro veces me enviaron mensajes en la misma forma, y yo les respondí de la misma manera". Nehemías 6:2-4

La valiente decisión de Nehemías de asociarse con Dios le trajo oposición. Sus enemigos se levantaron, casi inmediatamente, para atacar la gran obra que Nehemías había comenzado. De la misma manera, nuestra decisión de comenzar a andar en un estilo de vida llena del poder del Espíritu no nos librará de oposición.

Los enemigos de Nehemías se levantaron y procuraron que temiera por su vida. De hecho, a través de todo el proyecto de re-edificación, sus enemigos procuraron continuamente distraerle y disuadirle para que abandonara la obra. De forma similar, Satanás intentará detener el establecimiento de este estilo de vida en nosotros, en nuestras familias, y en nuestro círculo de influencia. Nosotros también debemos tomar la decisión de perseverar poniendo toda nuestra confianza en el Señor.

"Amados, no os sorprendáis del fuego de la prueba que en medio de vosotros ha venido para probaros, como si alguna cosa extraña os estuviera aconteciendo; antes bien, en la medida en que compartís los padecimientos de Cristo, regocijaos, para que también en la revelación de su gloria os regocijéis con gran alegría. Si sois vituperados por el nombre de Cristo, dichosos sois, pues el Espíritu de gloria y de Dios, reposa sobre vosotros". 1 Pedro 4:12-14

Quinta etapa: Una respuesta llena de fe y perseverancia

"Y yo les respondí, y les dije: El Dios del cielo nos dará éxito; por tanto nosotros sus siervos nos levantaremos y edificaremos, pero vosotros no tenéis parte, ni derecho, ni memorial en Jerusalén". Nehemías 2:20

La respuesta de Nehemías fue de absoluta confianza en Dios. Una y otra vez rechazó a sus enemigos y rehusó caer víctima de sus ataques. No son los feroces dardos del enemigo atravesando su armadura los que nos impresionan. En vez de eso, nos inspira la determinación de Nehemías de reconstruir la muralla y como los ataques que recibía le hacían cada vez más fuerte. Así también nosotros, como Nehemías, debemos responder a los ataques del enemigo, con plena confianza en Dios y con un corazón decidido a perseverar sin importar lo que pueda venir en contra nuestra.

Sexta etapa: Cada creyente es importante para la reconstrucción de una nación

"Entonces el sumo sacerdote Eliasib se levantó con sus hermanos, los sacerdotes, y edificaron la puerta de las Ovejas; la consagraron y asentaron sus hojas. Consagraron la muralla hasta la torre de los Cien y hasta la torre de Hananeel. Y junto a él edificaron

los hombres de Jericó, y a su lado edificó Zacur hijo de Imri... Y junto a él hizo reparaciones Salum, hijo de Halohes, oficial de la mitad del distrito de Jerusalén, él con sus hijas... Después de él hizo reparaciones Nehemías, hijo de Azbuc, oficial de la mitad del distrito de Bet-sur, hasta un punto frente a los sepulcros de David, hasta el estanque artificial y hasta la casa de los Valientes... Después de él Baruc, hijo de Zabai, con todo fervor reparó otra sección, enfrente de la subida al arsenal del ángulo... Tras ellos Benjamín y Hasub hicieron reparaciones frente a su casa. Después de ellos Azarías, hijo de Macías, hijo de Ananías, hizo reparaciones junto a su casa".
Nehemías 3:1-2, 12, 16, 20, 23

Cuando leemos el capítulo 3 del libro de Nehemías, nos damos cuenta de que cada persona en la región fue vital para la obra de reconstrucción. De forma similar, cuando vemos la magnitud de la obra que Dios quiere realizar en nuestra región, comenzamos a percatarnos de que debemos motivar a otros para que se unan a nosotros si queremos cumplir con lo que Dios tiene en su corazón. Algunos trabajaron en largos tramos de la muralla (discipulado regional y congregacional), mientras que otros trabajaron en la muralla cerca de sus hogares (discipulado familiar), pero todos los resultados juntos lograron lo que Dios esperaba.

Séptima etapa: La muralla es reconstruida y las naciones vecinas son impactadas

"La muralla fue terminada el veinticinco del mes de Elul, en cincuenta y dos días. Y aconteció que cuando se enteraron todos nuestros enemigos y lo vieron todas las naciones que estaban alrededor nuestro, desfalleció su ánimo; porque reconocieron que esta obra había sido hecha con la ayuda de nuestro Dios".
Nehemías 6:15-16

Después de toda la ardua labor de Nehemías, y las batallas peleadas, se completó la muralla. Dada la magnitud de la obra, resultó verdaderamente asombroso que la muralla fuera reconstruida en sólo 52 días. Las naciones circundantes reconocieron que "la obra había sido realizada con la ayuda de nuestro Dios".

Resumen

Cuando venimos ante Dios para apropiarnos de lo que aqueja su corazón por nuestra actual condición, sentimos la urgencia de ver una acción de su Espíritu. Al tomar la determinación de comenzar la reconstrucción vamos a enfrentar oposición, y ello va a requerir que respondamos con fe y perseverancia. Cuando ayudamos a contagiar a cada miembro del Cuerpo de Cristo en nuestro territorio con una visión y una meta comunes, vamos a contemplar como cosas positivas comienzan a suceder. Esto es así porque el Dios vivo está obrando a favor nuestro. Y es que cuando el Señor se mueve poderosamente, aún las naciones vecinas comienzan a ver que Dios está con nosotros y desearán que él obre también a favor de ellos. ¡Alabado sea Dios!

Preguntas para discusión

1. ¿Alguna vez has sentido tu corazón quebrantado por el estado de tu nación? Si ha sido así, explica cuál ha sido tu experiencia.
2. ¿Has intentado alguna vez comenzar a obedecer algo que Dios te estaba pidiendo sólo para encontrar oposición en el proceso? ¿Cuál fue tu respuesta a esa oposición?
3. ¿Qué clase de fe y perseverancia crees que Nehemías debió tener para supervisar la reconstrucción de la muralla? (Explica)
4. ¿Cómo piensas tú que sería todo si el Cuerpo de Cristo tomara la determinación de trabajar unido por el bienestar de tu nación?

Pasos de acción

En Nehemías vemos a un hombre que venció cada obstáculo que se le presentó a fin de cumplir con los propósitos de Dios para bienestar de su nación. ¿Estás consciente de lo que Dios te está llamando a hacer por tu nación? Toma tiempo para escribir cualquier cosa que sientes que él está pidiendo de ti mientras que has estado leyendo este libro. Ora, entonces, por lo que él ha compartido contigo. Permite que esa visión que él te ha dado comience a manifestarse en tus acciones.

_____

_____

_____

Enfoque de oración

Dediquemos tiempo para orar por la nación en la que Dios nos ha colocado. Como Nehemías, permitamos que Dios quebrante nuestros corazones sobre la condición de nuestra nación y ofrezcámonos nosotros mismos para que él nos use como parte de la solución.

Padre, te doy gracias por colocarme en esta nación. Te doy gracias porque tú tienes un plan y un propósito para mí aquí donde estoy. Te pido que me ayudes a ver esta nación a través de tus ojos. Ayúdame a sentir dolor por aquellas cosas que lastiman tu corazón. Quiero ver el pecado de mi nación desde tu perspectiva, a fin de sentir en mi corazón la urgencia por un progreso en esta tierra. Confío en que vas a usarme aquí para tu gloria en los días que vienen por delante.

Concédeme tu fe y tu perseverancia para no dejar de hacer el bien. He decidido confiar y estoy convencido de que en tu tiempo, que es perfecto, habrá fruto bueno y abundante por mi labor. Ayúdame a compartir la visión que tienes por mi nación a fin de perseverar con fe, y creer lo que tú crees. (Continúa orando para que el Espíritu de Dios guíe tus pasos).

Conclusión

Una visión para equipar y enviar millones de seguidores de Cristo, fortalecidos por el Espíritu Santo, a establecer el Reino de Dios en las naciones

"Entonces el Señor me respondió, y dijo: Escribe la visión y grábala en tablas, para que corra el que la lea. Porque es aún visión para el tiempo señalado; se apresura hacia el fin y no defraudará. Aunque tarde, espérala; porque ciertamente vendrá, no tardará".
Habacuc 2:2-3

¿Considerarías participar en el proceso de establecer un estilo de vida fortalecido por el Espíritu en tu nación? ¿Compartirías esta visión con otros en tu círculo de influencia? Nuestra esperanza es ver el Cuerpo de Cristo en cada nación comenzando a obrar hacia esa meta. Quiera el Señor guiarte, para que te unas a nosotros en esta tarea. Por favor, ponte en contacto con nosotros para que sepamos de tu participación.

Captando la visión para discipular a las naciones

Nuestra esperanza es que el Dios Vivo inspire a muchos, en nuestras respectivas naciones, a participar en esta labor de equipar seguidores de Cristo con una vida fortalecido por el Espíritu. Confiamos en que cada nación pueda ver miles de familias aceptando el llamado y ver el Reino de Dios estableciéndose en muchos hogares. De igual manera, oramos para que muchos líderes de cada nación decidan establecer ese estilo de vida fortalecida por el Espíritu en sus posiciones de gobierno, negocios, educación, medios de comunicación, y miles de congregaciones locales respondan a ese llamado.

Con el establecimiento de este estilo de vida fortalecido por el Espíritu Santo en el Cuerpo de Cristo, a nivel global, creemos que habrá una enorme cosecha de almas experimentando una relación con Jesucristo para salvación, y comenzaremos a ver el Evangelio de las Buenas Nuevas transformar regiones enteras. Creemos que el Señor Jesucristo desea ardientemente relacionarse con las más de siete billones de almas que habitan el planeta y está llamando a su Iglesia para ser la sal y la luz de este mundo (Mateo 5:13-14).

Imagina: Una congregación con un estilo de vida fortalecido por el Espíritu Santo

¿Qué sucedería si una sola congregación estimulara a 100 de sus miembros a dedicar un año a cultivar un estilo de vida fortalecido por el Espíritu Santo como individuos, como familias y en su círculo de influencia? ¿Cuál sería la diferencia? ¿Cómo crees que esto afectaría el clima espiritual de esa congregación?

Imagina: Una comunidad con un estilo de vida fortalecido por el Espíritu Santo

Imagina ahora lo que sucedería en una comunidad donde hay diez congregaciones y cada una de estas congregaciones decidiera equipar a 100 de sus miembros en este estilo de vida fortalecido por el Espíritu Santo. ¿Cómo esos mil creyentes impactarían esa comunidad?

Imagina: Una ciudad con un estilo de vida fortalecido por el Espíritu Santo

Imagina ahora lo que sucedería en una ciudad que tiene diez comunidades con diez congregaciones decididas a equipar a 100 de sus miembros en este estilo de vida fortalecido por el Espíritu Santo. ¿Qué impacto harían esas diez mil personas en esa ciudad?

Imagina: Una región con un estilo de vida fortalecido por el Espíritu Santo

Imagina ahora lo que sucedería en una región que tiene diez ciudades con diez comunidades cada una, y cada una de esas comunidades cuenta 10 congregaciones decididas a equipar a 100 de sus miembros en este estilo de vida fortalecido por el Espíritu Santo en sus vidas como personas, familias y círculos de influencia. ¿Qué impacto harían cien mil personas en esa región?

Imagina: Una nación con un estilo de vida fortalecido por el Espíritu Santo

Ahora imagina lo que sucedería en una nación de diez regiones, que cuenta con diez ciudades cada una y a la vez diez comunidades por ciudad, tuviera diez congregaciones en cada ciudad participando en el plan de equipar a 100 de sus miembros en este estilo de vida fortalecido por el Espíritu. ¿Qué diferencia produciría un millón de personas fortalecidas por el Espíritu en la nación? ¿Cómo afectaría esto el clima espiritual en el sistema educacional, en los negocios, en el gobierno y en matrimonios y familias?

Este es el tipo de visión que creemos que Dios inspirará en naciones de todo el planeta.

Palabras finales de estímulo: No te desanimes y persevera hasta que este estilo de vida fortalecido por el Espíritu Santo sea una realidad en ti

El propósito de este libro no es meramente diseñar una gran visión y compartir un puñado de conceptos espirituales para que nos adueñemos de ellos teóricamente. Nuestra esperanza es que este libro sea un instrumento que ayude a que este estilo de vida fortalecido por el Espíritu Santo encuentre morada en cada creyente de cada nación.

Es por eso que te invitamos a que no simplemente leas este libro una vez y luego lo pongas a un lado, sino a que continúes empapándote de su contenido hasta que llegue a ser parte de tu estilo de vida. Pide al Espíritu Santo que te guíe a vivir una vida fortalecida por él. De seguro no te va fallar si confías plenamente en él. Cuando eso suceda, entonces estarás listo para compartir tu valiosa experiencia con otros.

Comparte con otros ese estilo de vida

Desde ahora mismo puedes comenzar a orar para que Jesús te revele las personas con las que puedes compartir este estilo de vida. Él mismo nos ofreció este ejemplo al compartir con doce personas de su confianza lo que el Padre le había dado a él. Estos doce fueron multiplicados por Dios, de tal forma, que el Evangelio fue esparcido por toda la Tierra. Si tú comienzas a compartir este estilo de vida fortalecido por el Espíritu Santo con sólo otras doce personas, esto podría regarse por toda tu región. Pide sabiduría al

Espíritu Santo para discernir como él desea usarte para discipular a otros en este estilo de vida.

Comunícate con nosotros

Si has sido tocado y sientes el deseo de profundizar en un estilo de vida fortalecido por el Espíritu Santo a nivel personal, en tu familia, en tu lugar de trabajo, congregación o región, por favor comunícate con nosotros. De esa forma conoceremos de tu decisión y podremos apoyarte. Tenemos recursos adicionales disponibles en la red electrónica.

De igual manera nos gustaría escuchar testimonios de cómo este recurso ha sido usado por Dios para hablarte. Puedes enviar tus testimonios por correo electrónico o contactar la sección de nuestra página en la red. ¡Dios te bendiga!

Información:

Website: www.dninternational.org/contact

Email: office@dninternational.org

Estilo de vida fortalecido por el Espíritu Santo
Hoja de Compromiso

Esta forma puede ser llenada electrónicamente: www.dninternational.org/SpiritEmpoweredforlife

Si llenas la forma electrónicamente, esto nos permitirá enviarte recursos adicionales que pueden ayudarte en tu compromiso.

- Me comprometo a buscar que Dios inspire un estilo de vida con la presencia de Cristo en mi vida personal.
- Me comprometo a buscar que Dios lleve a mi matrimonio y/o familia a un estilo de vida fortalecida por el poder de su Espíritu.
- Me comprometo a buscar que Dios establezca un estilo de vida fortalecido por su Espíritu que pueda impactar aquellos con quienes me relaciono.

Reconociendo que habrá lucha espiritual confrontando a aquellos que se oponen a este estilo de vida:

- Me comprometo a perseverar hasta que este estilo de vida sea realidad. Estoy consciente de puede tomar dos meses, seis meses, o dos años antes de se establezca definitivamente, pero me comprometo a que esto suceda.

(Preguntas dirigidas a pastores/líderes ministeriales)

- Me comprometo a buscar que Dios establezca este estilo de vida en las vidas de personas, familias y la esfera de influencia del ministerio que él me ha confiado.
- Me comprometo a estar conectado, con regularidad, con otros ministerios en mi región, a fin de sentirme animado con esta visión, como también para estimular a otros.
- Me comprometo a buscar de Dios para que él me muestre como desea que se establezca este estilo de vida, y a la vez deseo que este propósito sea primordial en todas nuestras reuniones congregacionales (Proveyendo instrucción, compartiendo luchas, y ofreciendo ministrar a aquellos que procuran que la vida sea fortalecida por el Espíritu sea una realidad en ellos).

Firma:

Metas para pastores/Líderes ministeriales: Considera, en oración, trazar metas acerca de cuántas vidas crees que Dios equipará en ese "Estilo de vida fortalecido por el Espíritu Santo" en los próximos 6- 12 meses:

Número de personas fortalecidas por el Espíritu: _____

Número de matrimonios y familias fortalecidas por el Espíritu: _____

Número de creyentes fortalecidos por el Espíritu comprometidos a compartir con otros este estilo de vida (Centro de trabajo, gobierno, educación…): _____

Número de ministerios con los que compartirás esta visión: _____

Si decides completar esta forma en el libro, en vez de hacerlo en nuestra página electrónica, toma unos minutos para comunicarte con nosotros a nuestra dirección electrónica para dejarnos saber que has hecho un compromiso: office@dninternational.org

Si te comunicas con nosotros podemos facilitarte recursos adicionales que pueden ayudarte en tu compromiso.

(Si nos contactas por correo electrónico incluye, por favor, tu nombre y una dirección física en tu mensaje.)

Estilo de vida fortalecido por el Espíritu Santo Reto de 30 días

La forma anterior es principalmente para individuos que se están comprometiendo a este estilo de vida por el resto de sus vidas. El reto de 30 días es una forma simple para comenzar el proceso. Esto puede implementarse en un matrimonio o familia, en un grupo pequeño, en una congregación local, o en una región entera.

Meta para el reto de 30 días

"Probad y ved que el Señor es bueno. ¡Cuán bienaventurado es aquel que en él se refugia!" Salmo 34:8

En ocasiones, antes de desear reajustar nuestras vidas a estar en conformidad con los caminos de Dios, necesitamos probar y ver cuán bueno es vivir en íntima comunión con él. El reto para un período de 30 días proveerá una oportunidad para que el pueblo de Dios pruebe y vea las bendiciones de una relación íntima con Dios, con una visión a largo plazo que les conduzca a un cambio perdurable en su estilo de vida.

El reto de 30 días puede cumplirse individualmente, en un matrimonio, en una familia, en una congregación local, en un centro de trabajo, o como cuerpo de Cristo en una región o nación. Sugerimos a todos los que se comprometan con este reto a que pidan, al menos a otra persona, que le sirva como socio para caminar juntos en el proceso y se ayuden mutuamente a continuar el crecimiento espiritual después que este primer reto haya concluido.

Estilo de vida durante el reto de 30 días

"Con Cristo he sido crucificado, y ya no soy yo el que vive, sino que Cristo vive en mí; y la vida que ahora vivo en la carne, la vivo por fe en el Hijo de Dios, el cual me amó y se entregó a sí mismo por mí". Gálatas 2:20

Durante los próximos 30 días me comprometo a buscar una más profunda revelación sobre lo que significa morir a mí mismo y permitir que el Espíritu de Dios viva su gloriosa vida en mí y a través de mí. Específicamente procuraré implementar las siguientes pautas espirituales durante esos 30 días:

Llave espiritual: Un estilo de vida de alabanza y adoración

Me comprometo a pasar más tiempo en adoración cada día, pidiendo al Espíritu de Dios a que me conduzca a lo que significa adorarle en espíritu y en verdad.

"Entrad por sus puertas con acción de gracias, y a sus atrios con alabanza. Dadle gracias, bendecid su nombre". Salmo 100:4

Llave espiritual: Un estilo de vida esperando y escuchando al Espíritu de Dios

Me comprometo a dedicar más tiempo a esperar delante del Espíritu de Dios, y a escuchar lo que El tiene que decirme.

"Mis ovejas oyen mi voz, y yo las conozco y me siguen". Juan 10:27

Llave espiritual: Un estilo de vida llenándome de la Palabra de Dios

Me comprometo a pasar más tiempo leyendo la Palabra de Dios, pidiendo al Espíritu de Dios que haga de esta interacción con su Palabra una experiencia poderosa.

"Porque la Palabra de Dios es viva y eficaz, y más cortante que cualquier espada de dos filos; penetra hasta lo más profundo del alma y del espíritu, hasta la médula de los huesos, para discernir los pensamientos y las intenciones del corazón". Hebreos 4:12

Llave espiritual: Un estilo de vida de oración e intercesión

Me comprometo a dedicar más tiempo, cada día, a la oración pidiendo a Dios que me conceda su corazón para orar por aquellos a mi alrededor.

"Orad sin cesar". 1 Tesalonicenses 5:17

Llave espiritual: Un estilo de vida de responsabilidad y sumisión mutuas

Me comprometo a conectarme de manera más firme con al menos uno o dos creyentes, a fin de mantener con ellos una comunicación abierta y sincera, así como compartir con ellos lo que estoy experimentando en mi relación con Dios.

"Y consideremos como estimularnos unos a otros al amor y a las buenas obras, no dejando de congregarnos, como algunos tienen por costumbre, sino exhortándonos unos a otros, y mucho más al ver que aquel día se acerca". Hebreos 10:24-25

Actitud del corazón para el reto de 30 días

La actitud del corazón es muy importante al acercarnos a Dios. Aunque decidamos pasar más tiempo con Dios, si no prestamos atención a nuestra actitud ante él estaremos laborando en vano. Es por eso que te estimulamos a que combines las pautas espirituales con una correcta actitud del corazón que busque poner en práctica lo que expresa 2 Crónicas 7:14. La combinación de ambos elementos será como una auténtica "bomba atómica" espiritual.

"Si cierro los cielos para que no haya lluvia, o si mando la langosta para devorar la tierra, o si envío la pestilencia entre mi pueblo, y se humilla mi pueblo sobre el cual es invocado mi nombre, y oran, buscan mi rostro y se vuelven de sus malos caminos, entonces yo oiré desde los cielos, perdonaré su pecado y sanaré su tierra". 2 Crónicas 7:13-14

A la vez que me comprometo a implementar las pautas espirituales, buscaré también que el Espíritu de Dios me haga profundizar en:

- Humildad
- Oración/Búsqueda de su rostro
- Arrepentimiento de cada actitud o acción en mi vida que no haya estado en conformidad con su voluntad y sus caminos.

Decido permitir que el Espíritu de Dios tenga mayor control de mi vida durante estos 30 días. Quiero que el Espíritu de Dios tome estos 30 días para establecer un nuevo patrón en mí, un patrón que me lleve a buscarle y que permanezca en mí por el resto de mi vida.

Firma:_____

Socio acompañante: Te estimulamos a que durante este reto de 30 días camines, al menos, junto a otra persona que será como tu socio/a acompañante durante ese tiempo. Recomendamos que estés en contacto con tu socio/a acompañante una vez por semana, o más si es posible, para que compartan el uno con el otro/a como van las cosas, para que oren por las dificultades que enfrentan, así como para celebrar juntos las victorias.

Esperamos que permanezcan conectados después de haber finalizado el reto de los 30 días para que continúen estimulándose el uno al otro/a en este estilo de vida.

Nombre del Socio Acompañante: _____

Oramos porque este tiempo pueda ser una experiencia transformadora, que te llene por siempre del increíble valor que viene de buscar una vida fortalecida por el Espíritu.

Al final de los 30 días no detengas lo que Dios ha comenzado. Por el contrario, toma esto como el inicio de una nueva forma de vida que no culmine hasta el día que veas al Señor cara a cara en la eternidad.

Para recursos adiciones relacionados con La jornada hacia una vida fortalecida por el Espíritu Santo – Reto de 30 días puedes acudir a la sección de nuestra página electrónica:
www.dninternational.org/SpiritEmpowered30Days

Jornada hacia una vida fortalecida por el Espíritu Santo Lanzamiento en una congregación local

En la sección donde compartí el testimonio de Dios enviando avivamiento a la congregación local, de la cual formé parte, vimos la diferencia que una congregación fortalecida por el Espíritu puede producir en una ciudad y aún en una nación. Si una congregación ha avanzado lo suficiente como para sentirse comprometida con el crecimiento del Reino, y no solo de un ministerio en particular, entonces esa congregación puede cambiar el curso de una nación. En Taiwán, la corriente nacional de la acción del Espíritu comenzó con dos o tres congregaciones dedicadas a una renovación en la vida personal, familiar y en los lugares de trabajo. Hoy existe un grupo de 1,000 a 2,000 congregaciones involucradas, con cientos de miles que han venido a los pies de Cristo.

Para aquellos que estén interesados en comenzar con "Jornada hacia una vida fortalecida por el Espíritu Santo" en una congregación local, tenemos varias herramientas disponibles para ayudarles. La experiencia de estar trabajando con iglesias por muchos años, nos permite ayudarles a planear un proyecto para una "Jornada hacia una vida fortalecida por el Espíritu Santo" que sea relevante para su ministerio y busque resultados positivos. Nuestra aspiración es dar fruto de 30, 60 y 100 por uno.

Para más información sobre este proyecto en una congregación local puedes acudir a: www.dninternational.org/SpiritEmpoweredLife

Para más información sobre una Estrategia para la Renovación de la Iglesia visita: www.dninternational.org/churchrenewal

Disciple Nations International existe por dos razones primordiales:
1. Para renovar la Iglesia ya existente.
2. Para plantar la Iglesia donde no haya iglesia

DNI surgió de una revelación sobre el deseo de Dios de ver naciones enteras instruidas y actuando conforme a la voluntad y los caminos de Jesucristo. Mientras lees estas palabras, debes saber que hay unas 500 comunidades alrededor del mundo que están experimentando como el Espíritu de Dios puede impactar toda la sociedad por medio del Reino de Jesucristo.

Si genuinamente deseamos discipular los más de 7 billones de personas del planeta, el punto de partida en una región o nación es el Cuerpo de Cristo ya existente. Aún en naciones como China o India, donde multitudes de personas no han escuchado el testimonio del Evangelio, el paso inicial es reunir al Cuerpo de Cristo que ya existe en esas áreas, y procurar que se percate de la necesidad alrededor de ellos; pidiéndole a la vez que busque la sabiduría del Espíritu de Dios para que le sea revelada la forma de alcanzar a los que están perdidos.

Una vez hemos tenido esa revelación de que el Cuerpo de Cristo ya existente es la llave para el cumplimiento de los deseos que hay en el corazón de Dios de discipular a las naciones, entonces seremos capaces de entender cuan crítico es para nosotros como Iglesia: Reunirnos, Despertar, Prepararnos y Llenarnos del poder del Espíritu Santo a fin de poder cumplir con los propósitos divinos. Esperamos que consideres, en oración, participar con nosotros para que el mensaje de ese Estilo de vida fortalecida por el Espíritu Santo sea llevado a todas las naciones.

Participa con nosotros

Después de conocer el ritmo cardíaco de Disciple Nations International, y de ver la oportunidad de participar en el proceso de equipar y guiar a los seguidores del Señor Jesucristo en la plenitud del poder del Espíritu, esperamos que consideres unirte a nosotros para discipular a las naciones.

Comprometido contigo en el cumplimiento de la Gran Comisión,

Chris Vennetti

Disciple Nations International

Para cooperar hoy: www.dninternational.org/donate

Los cheques pueden hacerse a nombre de "Disciple Nations International" o "DNI" y enviados a:

Disciple Nations International
P.O. Box 771478
Orlando, FL 32877

Participa: www.dninternational.org/getinvolved

Correo Electrónico (Email): office@dninternational.org

www.ingramcontent.com/pod-product-compliance
Lightning Source LLC
LaVergne TN
LVHW051120080426
835510LV00018B/2151